Anneli Billina / Susanne Geiger / Marion Techmer

Deutsch üben

Wortschatz & Grammatik B1

Hueber Verlag

Cover, Rücktitel: © Getty Images/iStock/kali9
Illustrationen: Irmtraud Guhe, München

| 6. | 5. | 4. | | | Die letzten Ziffern |
| 2028 | 27 | 26 | 25 | 24 | bezeichnen Zahl und Jahr des Druckes. |

Alle Drucke dieser Auflage können, da unverändert,
nebeneinander benutzt werden.
1. Auflage
© 2018 Hueber Verlag GmbH & Co. KG, München, Deutschland
Umschlaggestaltung: Sieveking Agentur, München
Layout und Satz: Sieveking Agentur, München
Verlagsredaktion: Hans Hillreiner, Hueber Verlag, München
GPSR-Kontakt: Hueber Verlag GmbH & Co. KG, Baubergerstraße 30,
80992 München, kundenservice@hueber.de
Druck und Bindung: Friedrich Pustet GmbH & Co. KG, Gutenbergstraße 8,
93051 Regensburg, technik@pustet.dePrinted in Germany
ISBN 978–3–19–487493–0

Art. 530_25600_001_04

Inhalt

Vorwort

Liebe Deutschlernende,

mit dem Band *Deutsch üben* Wortschatz & Grammatik B1 können Sie den Wortschatz und die Grammatik der Niveaustufe B1 einüben und festigen.
Wortschatz & Grammatik B1 behandelt alle Themenbereiche, die für die Stufe B1 des *Gemeinsamen Europäischen Referenzrahmens* vorgesehen sind.

Sie finden darin
- vielfältige Übungen zu Wortschatz und Grammatik für mehr Sicherheit im täglichen Umgang mit der deutschen Sprache,
- authentische Situationen, Dialoge und Textsorten aus dem Alltags- und Arbeitsleben,
- zahlreiche Lern-Tipps und Grammatikübersichten („Das kann ich schon"),
- praktische Lernwortschatz-Boxen,
- zahlreiche lernfördernde Illustrationen und
- einen übersichtlichen Lösungsteil zur Selbstkontrolle.

Zur Hinführung auf die Niveaustufe B1 finden Sie Übungen, die im Wortschatzteil durch eine andere Gestaltung der Nummerierung E4 und im Grammatikteil durch die Nummerierung mit einer Null P0 gekennzeichnet sind. Diese Übungen enthalten vermehrt Grammatikinhalte und Wortschatz der Niveaustufe A2.

Der vorliegende Band eignet sich
- zur Wiederholung und Vertiefung des Wortschatzes und der Grammatik der Niveaustufe B1,
- zur Vorbereitung auf die Prüfungen dieses Niveaus (*Zertifikat B1*, *Zertifikat Deutsch*),
- zur Vorbereitung auf das Leben in deutschsprachigen Ländern und
- zur Aufrechterhaltung vorhandener Sprachkenntnisse.

Er ist bestens zur Selbstevaluation geeignet, um zu testen, was man gut oder weniger gut beherrscht.

Viel Erfolg mit *Deutsch üben* Wortschatz & Grammatik B1 !
Autorinnen und Verlag

Abkürzungen:

A	Varianten, die man in Österreich benutzt	Sg	Singular
		Pl	Plural
CH	Varianten, die man in der Schweiz benutzt	Akk.	Akkusativ
		Part. Präs.	Partizip Präsens
m	maskulin, männlich	Part. Perf.	Partizip Perfekt
f	feminin, weiblich	Komp.	Komparativ
n	neutral, sächlich	Superl.	Superlativ
		nominal.	nominalisiert

A Kontakte, Informationen zur Person

A1 Anmeldeformular

Ergänzen Sie.

Familienname • ~~Antragsformular~~ • Straße • Vorname • Nationalität •
Hausnummer • Postleitzahl • Geburtsdatum • Unterschrift •
Wohnort • Mobiltelefon • Telefon • Vorwahl • E-Mail • aktiv •
Ermäßigung • Konto • Beiträge (Pl)

---

(1) *Antragsformular*
Sportart: *Handball*   ☒ (2) _____   ☐ passiv

TURNVEREIN NEUSTADT

Santos   *Maria*
(3) _____   (4) _____

29.04.64   *Spanisch*
(5) _____   (6) _____

Giselastr.   *12*
(7) _____   (8) _____

81739   *München*
(9) _____   (10) _____

089 / 733923   *01710 / 347648*
(11) _____ / (12) _____   (13) _____

(14) _____ : *m.santos@web.de*

Beitragszahlung:
Die (15) _____ werden ☐ vierteljährlich ☐ halbjährlich
☒ jährlich von meinem (16) _____ abgebucht. (17) _____
(nur gegen Bescheinigung) für Schüler/Studenten/Azubis.
IBAN: *DE23 7015 0000 1002 7277 07*
BIC: *WELADED1UNN*
Maria Santos
(18) _____

Lernwörter

der Verein, -e	das Antragsformular, -e	der Wohnort, -e	das Mobiltelefon, -e
die Zahlung, -en	das Konto, Konten	der Beitrag, ¨e	die Ermäßigung, -en
die Unterschrift, -en	aktiv	passiv	

A2 Herzlich willkommen!

Ergänzen Sie. Achten Sie auf die korrekte Form.

> beschäftigt • halbtags • angestellt • ~~herzlich willkommen~~ • im Augenblick •
> arbeitslos • sich vorstellen • berufstätig • von Beruf sein • Bereich •
> Stelle • nennen • Arbeitsplatz • Kindergarten

● Meine Damen und Herren, mein Name ist Nadja Mayer. Ich heiße Sie (1) _herzlich_

willkommen bei unserer Fortbildung. Darf ich Sie bitten, (2) _s_____ kurz

_v_____. Bitte (3) _n_____ Sie Ihren Namen und sagen Sie,

welche berufliche Tätigkeit Sie bisher ausgeübt haben.

○ Ich heiße Eva Dill und (4) _b__v__B_____ Lehrerin. (5) _I__A_____

arbeite ich (6) _h_____ als Team-Assistentin.

▶ Mein Name ist Max Richter. Ich war als Hausmeister (7) _a_____.

Momentan bin ich (8) _a_____. Ich hoffe, bald wieder einen

(9) _A_____ zu finden.

■ Ich bin Emma Winter. Zurzeit bin ich nicht (10) _b_____. Wenn meine

Tochter einen Platz im (11) _K_____ hat, möchte ich eine

(12) _S_____ im (13) _B_____ Marketing annehmen. Bisher war ich im

Bereich Personal (14) _b_____.

Lernwörter

Herzlich willkommen!	die Stelle, -n	der Bereich, -e	der Arbeitsplatz, ⁻e
der Augenblick, -e	von Beruf sein	nennen	arbeitslos
halbtags			

A3 Jemanden vorstellen

Ergänzen Sie. Achten Sie auf die korrekte Form.

> bekannt machen • Studium • ~~Kollegin~~ • angenehm • kennenlernen • vorstellen

1. ● Darf ich Ihnen unsere neue *Kollegin* Frau Weininger _____?

   ■ _____. Mein Name ist Bräuer. Tim Bräuer.

   ▲ Angenehm.

2. ● Das ist eine gute Freundin von mir, Ute Richter. Frau Richter und ich kennen uns

   seit dem _____.

   ■ Freut mich, Sie _____, Frau Richter.

3. ● Darf ich Sie _____? Herr Santos – Herr Reiter.

   ■ Guten Tag, Herr Reiter.   ▲ Hallo, Herr Santos.

A4 Visitenkarten

Ergänzen Sie. Achten Sie auf die korrekte Form.

> Messe • geben • Visitenkarte • selbstverständlich • ~~haben~~ • sich melden

1. ● *Hätten* Sie eine Visitenkarte für mich?

   ○ Ja, _____. Hier, bitte.

   ● Danke schön. Ich _____ dann zirka in zwei Wochen nach

   der _____ bei Ihnen.

2. ▶ Darf ich Ihnen meine _____ geben?

   ■ Gerne. Einen Moment, ich _____ Ihnen auch meine.

Tipp ....

Wörter verstehen
Viele Wörter der Übungen müssen Sie bei einer Prüfung auf dem Niveau B1 nicht
anwenden, aber verstehen können. Zum Beispiel: *die Fortbildung, beschäftigt,
angestellt, zirka* ... Diese Wörter stehen nicht in den Lernwörterkästen.

....

Lernwörter

die Messe, -n	selbstverständlich	sich melden	angenehm
kennenlernen	bekannt		

A5 Die richtige Reihenfolge beim Vorstellen

Ergänzen Sie. Achten Sie auf die korrekte Form.

> Dame • ~~Reihenfolge~~ • Beruf • Bereich • privat • beachten • Kunde •
> Situation • Person • erfahren • Mitarbeiter • alt • gelten

Die richtige Reihenfolge beim Vorstellen

Wie ist die richtige (1) *Reihenfolge* beim Vorstellen? Im (2) p_____Bereich

gibt es zwei Regeln. Die erste Regel lautet: Der Herr wird der (3) D_____ zuerst

vorgestellt. Die zweite Regel lautet: Die jüngere (4) P_____ wird der älteren zuerst

vorgestellt. Was aber tun, wenn Sie einen (5) ä_____ Mann einer jüngeren Frau

vorstellen sollen? Dann entscheiden Sie aus der (6) S_____ heraus, wen Sie

wem zuerst vorstellen. Bei geschäftlichen Situationen und im (7) B_____

(8) b_____ man die Hierarchie. Das bedeutet, zuerst (9) e_____ der Chef,

wie der Praktikant heißt, dann erfährt der Praktikant den Namen des Chefs. Wenn es

keine Hierarchie gibt, (10) g_____ die Regeln aus dem privaten (11) B_____:

Die Frau erfährt zuerst, wie der Mann heißt; eine ältere Person erfährt zuerst, wer

die jüngere Person ist. Eine weitere Regel ist – der Kunde ist König –, dass man zuerst

dem (12) K_____ die Mitarbeiter der eigenen Firma vorstellt, dann den

(13) M_____ den Kunden.

Tipp

Anrede für weibliche Personen
Die Anrede für weibliche Personen ist *Frau*. Das Wort *Fräulein,* mit dem man früher
unverheiratete Frauen angesprochen hat, ist veraltet. Es gilt heute als
diskriminierend.

Handgeben
Beim Begrüßen und Verabschieden gibt man sich in den deutschsprachigen Ländern
oft die Hand. Das ist förmlicher, als wenn man sich dabei nur zunickt.

Lernwörter

die Dame, -n	die Person, -en	der Beruf, -e	der Augenblick, -e
die Reihenfolge, -n	beachten	der Bereich, -e	privat
der Kunde, -n	der Mitarbeiter, -	erfahren	

A

A6 **Angaben zur Person**

Was passt nicht?

1. *Familienstand:* ledig – verheiratet – ~~geboren~~ – geschieden – getrennt lebend
2. *Adresse:* Wohnort – Straße – Faxnummer – Wohnsitz – Platz
3. *Name:* Mädchenname – geborene – Nachname – Partner
4. *Geburtsdatum:* Geburtstag – Geburtsjahr – Geburtsort – geboren am
5. *Beziehung:* allein – Partner – Freund – Verlobte
6. *verheiratet:* Gattin – Gatte – Ehefrau – Ehemann – Freundin

A7 **Jung und Alt**

Ergänzen Sie. Achten Sie auf die korrekte Form.

> Jugend • Erwachsene • ~~Baby~~ • Verwandte • Jugendliche (CH: Junge) •
> Familie • Familienangehörige • Schwiegereltern • Geschwister •
> Tante • Cousine • Handy

1. Hurra, unser *Baby* ist da! Jetzt sind wir eine _____.

2. _____ begrüßen Jugendliche mit „Hi" oder „Hallo".

3. Opa erzählt immer, dass es in seiner _____ noch keine _____ gab.

4. _____ begrüßen sich morgens mit „Guten Morgen".

5. Zum 50. Geburtstag hatte sie viele _____ eingeladen: ihre Eltern und

   Geschwister, ihre Onkel, _____, Cousins und _____ und ihre

   _____.

6. Ich muss mich allein um meine Eltern kümmern, ich habe keine _____.

7. Der Arzt darf nur _____ Auskunft geben.

Tipp ....

Pluralbildung
Wörter mit der Endung **-y** bilden den Plural mit **-s**:
das Baby – die Babys, **die** Party – die Partys.
....

Lernwörter

getrennt	geborene	der Partner, -	die Beziehung, -en
die Verlobte, -n	das Baby, -s	der Jugendliche, -n	die Verwandte, -n
der Erwachsene, -n	der Angehörige, -n	der Onkel, -	die Tante, -n
die Cousine, -n	die Schwiegereltern (nur Pl)	die Auskunft, ¨e	das Handy, -s

A8 Kontinente

Ergänzen Sie die Kontinente. Achten Sie bei den Adjektiven auf die korrekte Form.

Amerika • Asien • Europa • Afrika • Australien

1. *Amerika*   der *amerikanische*   Kontinent

2. _____   der _____ Kontinent

3. _____   der _____ Kontinent

4. _____   der _____ Kontinent

5. _____   der _____ Kontinent

A

A9 **Land und Leute**

Ergänzen Sie die Bewohner.

Kontinent	Bewohner	Bewohnerin
1. Amerika	der *Amerikaner*	die Amerikanerin
2. Asien	der Asiat	die _____
3. Afrika	der _____	die Afrikanerin
4. Europa	der _____	die Europäerin
5. Australien	der Australier	die _____

Lernwörter

europäisch   australisch   amerikanisch   afrikanisch   asiatisch
der Kontinent, -e   der Bewohner, -   die Leute (Pl)

A10 **Ausweispapiere und Dokumente**

Ergänzen Sie. Achten Sie auf die korrekte Form.

Ausweis • Personalien (Pl) • Papiere (Pl) • Dokument • ausstellen •
gültig • verlängern • Senioren (Pl)

1. Da sie jung aussah, musste das Mädchen am Diskoeingang ihren *Ausweis*
   zeigen.

2. Bei der Verkehrskontrolle wollte der Polizist die *P*_____ des Autofahrers
   sehen.

3. Der Kontrolleur nahm die *P*_____ der Frau auf, die keinen
   Fahrschein hatte.

4. Ermäßigungen für Kinder und *S*_____ bekommen Sie nur, wenn Sie
   mir ein *D*_____ mit Passfoto zeigen.

5. Ich muss mein Visum *v*_____ lassen, es ist abgelaufen.

6. Mein Pass ist nicht mehr *g*_____, ich muss mir einen neuen *a*_____
   lassen.

Staatsbürger • Bewerbung • Heiratsurkunde • kontrollieren •
senden • erhalten • ausfüllen • europäisch • Staat

7. Sie musste ihre H_____ vorlegen, um ihr Visum zu

   beantragen.

8. Ich muss noch einen Lebenslauf für meine B_____

   schreiben.

9. Sie müssen das Anmeldeformular a_____. Sie e_____ von

   uns keine Anmeldebestätigung. Wir s_____ nur eine Mail, wenn der Kurs

   nicht stattfindet.

10. Als S_____ der EU kann ich in Ländern der Europäischen

    Union arbeiten.

11. Das Schengener Abkommen ermöglicht, dass sich Menschen und Waren

    leichter in den e_____ Ländern bewegen können. Statt

    zwischen den St_____ wird nun strenger an den Außengrenzen der

    Europäischen Union k_____.

Tipp ....

Ich fahre *nach* Italien. (Länder ohne Artikel)
Er fliegt morgen *in die* USA. (Länder mit Artikel)
....

Lernwörter

der Ausweis, -e	die Ermäßigung, -en	das Dokument, -e	die Bewerbung, -en
die Senioren (Pl)	ausstellen	der Staatsbürger, -	ausfüllen
europäisch	erhalten	kontrollieren	der Staat, -en
verlängern	die (Ausweis-) Papiere (Pl)	gültig	

A

A11 Europäische Union

Wie heißen die Mitgliedsstaaten der Europäischen Union?

Slowenien • Bulgarien • Estland • Deutschland • Tschechien • Finnland •
Schweden • Luxemburg • Belgien • Großbritannien • Irland • Österreich •
Lettland • Litauen • Frankreich • Malta • Niederlande • Griechenland •
Portugal • Rumänien • Polen • Slowakei • Dänemark • Spanien •
Italien • Ungarn • Zypern • Kroatien

1. Belgien
2. Bu_____ien
3. Dä_____k
4. D_____d
5. E_____d
6. F_____d
7. F_____ich
8. G_____d
9. G_____n
10. I____d
11. I_____n
12. K_____n
13. L_____d
14. L_____n
15. L_____g
16. M____a
17. N_____e
18. Ö_____ch
19. P_____
20. P_____l
21. R_____n
22. Sch_____n
23. S_____ei
24. Sl_____n
25. S_____n
26. T_____n
27. U_____n
28. Z_____n

B Familie, Freunde und Beziehungen

B1 Familie und Verwandte

Ergänzen Sie Nomen und Artikel.

Mutter • Ehefrau •
Bruder • Tante •
Sohn • Onkel •
Nichte • Ehemann •
Neffe • Großmutter •
Schwester • Cousin •
Tochter • Cousine •
Großvater

Dennis Jansen Monika Jansen   Kerstin Bauer Jan Bauer Maria Bauer

Peter Jansen   Angela Bauer   Martin Bauer   Silke Reinberg

Elfriede Schmitt   Horst Bauer

1. Peter ist *der Ehemann* von Angela.

2. Silke ist _____ von Martin.

3. Horst ist _____ von Monika.

4. Monika ist _____ von Jan.

5. Silke ist _____ von Maria.

6. Martin ist _____ von Elfriede.

7. Jan ist _____ von Dennis.

8. Maria ist _____ von Kerstin.

9. Angela ist _____ von Horst.

10. Elfriede ist _____ von Kerstin.

11. Dennis ist _____ von Monika.

12. Martin ist _____ von Dennis.

13. Angela ist _____ von Jan.

14. Monika ist _____ von Martin.

15. Jan ist _____ von Angela.

Lernwörter

der Cousin, -s	die Cousine, -n	die Nichte, -n	der Neffe, -n
der Großvater, ¨	die Großmutter, ¨	der Onkel, -	die Tante, -n

B

Ergänzen Sie. Achten Sie auf die korrekte Form.

> Kontakte pflegen • Auftrag • zusammen • zufällig • Beziehung • ~~vorstellen~~ •
> kennenlernen • persönlich • Zufall • gemeinsam

1. Ich möchte Ihnen unsere neue Praktikantin Frau Schuch _vorstellen_.

2. Er bekam den _A_____, weil er gute _B_____ zum Chef hat.

3. Sie _pf_____ immer noch die _K_____ zu ihren ehemaligen

   Klassenkameradinnen.

4. Herrn Sanchez habe ich durch einen _Z_____ bei einem internationalen

   Kongress _k_____. Wir haben _g_____ einen

   Workshop besucht.

5. Ich habe Frau Ludwig _z_____ auf dem Oktoberfest getroffen.

6. Ich kenne Herrn Löw nicht _p_____, aber ich habe viel von ihm gehört.

7. Fahren wir _z_____ oder möchtest du lieber allein fahren?

> bekannt • gewöhnen • Team • Bekannte • einander • vertrauen •
> duzen • Du sagen • siezen • eng

8. Du kannst ihr wirklich _v_____. Sie ist eine gute _B_____ von mir.

   Ich arbeite seit Jahren _e____ mit ihr zusammen.

9. Ich muss mich noch daran _g_____, dass sich hier in der Firma

   alle _d_____.

10. Zu Kindern unter fünfzehn Jahren _s_____ man _D__.

11. Erwachsene, die man nicht kennt, _s_____ man.

12. Sie arbeitet gerne im _T_____.

13. Wir siezen _e_____, obwohl wir uns schon lange kennen.

14. Frau Lüdenscheidt ist mir leider nicht _b_____.

Lernwörter

duzen	siezen	kennenlernen	die Beziehung, -en
zufällig	persönlich	zusammen	gemeinsam
gewöhnen	vertrauen	bekannt	das Team, -s

B3 Liebe und Partnerschaft

Ergänzen Sie. Achten Sie auf die korrekte Form.

> zusammen sein mit • sich verlieben • zusammenleben • Liebesbeziehung •
> unterstützen • Freundin • streicheln • Kuss • Partner • zärtlich • verliebt

1. Ich habe *mich* auf einer Faschingsparty in meinen Mann *verliebt*.

2. Wir haben keine _____, wir haben uns einfach nur sehr

   gern.

3. ■ Sind die beiden _____?

   ● Ja, ich bin mir sicher, dass Leon _____ Katrin _____ _____.

4. Sie sind nicht verheiratet, aber sie _____ seit vielen Jahren _____.

5. Sie _____ ihren Freund, wo sie nur kann.

6. ● Sind bei dem Empfang auch die _____ eingeladen?

   ■ Ja, meine _____ kommt mit.

7. Sie _____ ihr Baby und gab ihm einen _____ _____.

B4 Ehe

Ergänzen Sie die Vokale.

1. Ihr seid schon so lange ein Paar, wollt ihr nicht h**ei**r**a**ten?

2. Sie hat zwei Kinder aus erster __h__.

3. In dem Haus neben uns wohnt ein älteres __h__p____r mit einem Hund. Sie sind

   schon seit über zwanzig Jahren v__rh____r__t__t.

4. Ich gratuliere Ihnen und Ihrem G__tt__n ganz herzlich und wünsche Ihnen alles

   Gute für den g__m____ns__m__n Lebensweg.

5. G__tt____ ist ein anderes Wort für Ehefrau.

6. Sie trug zur H__chz__it ein langes weißes Kleid.

Lernwörter			
die Hochzeit, -en	heiraten	der Partner, -	die Liebesbeziehung, -en
der Kuss, ¨e	streicheln	zusammenleben	zusammen sein mit
gemeinsam			

B

B5 **Sexualität**

Ergänzen Sie. Es gibt einen Lesetrick.

1. Kinder (nednewrev) *verwenden* das Wort (luwhcs) _____ oft als Schimpfwort,

   ohne zu wissen, was es bedeutet.

2. In Deutschland können (elleuxesomoh) _____, also schwule und

   (ehcsibsel) _____ Paare heiraten.

3. Der Film ist langweilig, darin geht es nur um (xeS) _____.

4. Sie will nicht (tim) _____ ihm (nefalhcs) _____, so lange er noch (enie

   gnuheizeB) _____ _____ mit einer anderen Frau (tah) _____.

B6 **Streit und Konflikte**

Wie heißen die Verben?

1. die Scheidung   Sie werden *sich* dieses Jahr *scheiden lassen*.

2. *der Streit*   Er _____ _____ oft mit seiner Frau.

3. *die Lüge*   Du sagst nicht die Wahrheit, du _____.

4. *die Trennung*   Sie haben _____ _____.

5. *die Beleidigung*   Sie hat ihn oft _____.

6. *die Diskussion*   Er muss immer über alles _____.

Tipp ....

Wörter verstehen

Viele Wörter der Übungen müssen Sie bei einer Prüfung auf dem Niveau B1 nicht
anwenden, aber verstehen. Zum Beispiel: *lesbisch, schwul, eine Beziehung haben,
sich scheiden lassen, die Scheidung* ... Diese Wörter stehen nicht bei den Lernwörtern.
....

Lernwörter

homosexuell	schlafen mit	die Scheidung, -en	sich scheiden lassen
sich trennen	verwenden	beleidigen	zusammen sein mit
lügen	die Lüge, -n	sich streiten	der Streit, -e
diskutieren	die Diskussion, -en		

B7 Vielen Dank für die Einladung!

Ergänzen Sie. Achten Sie auf die korrekte Form.

> Rückfahrt • führen • Geburtstagsfeier • Verabredung • Veranstaltung •
> mitbringen • zu Besuch sein • sich bedanken • ablehnen • Stimmung •
> annehmen • zusagen • Schulfest • Treffen • Besuch • vorbeikommen bei •
> ausgezeichnet • absagen • spendieren • Einladung • Besteck • sich
> verabschieden • einen ausgeben • teilnehmen an • sich unterhalten über

1. Auf der _Rückfahrt_ aus unserem Urlaub _kommen_ wir _bei_ euch _vorbei_.

2. Vielen Dank für die E_____. Das Essen war wie immer

   a_____!

3. Wir können nicht zu der V_____ kommen. Wir haben B_____.

4. Muss man zum _Sch_____ wieder Teller und B_____ mitbringen?

5. Wir müssen die G_____ leider a_____, Laurin ist

   krank.

6. Ich kann die Einladung leider nicht a_____, ich habe schon bei einer

   anderen Party z_____.

7. Der junge Mann wollte ihr einen Drink _sp_____, aber sie l_____ a_____ .

8. Ich muss _m_____ noch bei Ute v_____ und _m_____ für das

   Geschenk b_____.

9. Am Wochenende _s_____ meine Schwiegereltern bei uns z__ B_____.

10. Wir hatten schon eine V_____, deshalb haben wir das T_____

    mit euch verschoben.

11. Nach dem Skifahren _g_____ immer einer aus unserer Clique e_____ a_____ .

12. Er _n_____ nicht _a___ der Veranstaltung t_____ .

13. Sollen wir etwas für das Büffet _m_____?

14. Die _St_____ war leider sehr formell. Wir haben u_____ den ganzen Abend nur

    ü_____ das Projekt u_____ und keine anderen Gespräche _gef_____ .

Lernwörter (siehe folgende Seite)

B

Lernwörter

der Besuch, -e	das Schulfest, -e	ausgezeichnet	vorbeikommen bei
die Einladung, -en	das Besteck, -e	zusagen	sich unterhalten über
das Treffen, -	die Verabredung, -en	zu Besuch sein	sich verabschieden
teilnehmen an	mitbringen	die Stimmung, -en	die Veranstaltung, -en
bedanken	die Rückfahrt, -en	das Gespräch, ⸚e	die (Geburtstags-)Feier, -n

B8 Einladungen und Verabredungen

Ordnen Sie zu.

1. Wollen Sie gleich einen neuen Termin ausmachen?

2. Guten Tag, mein Name ist Janzen. Ich bin mit Herrn Agert verabredet.

3. Warten Sie noch auf den Rest der Teilnehmer?

4. Bist du mit Frau Ludwig verabredet?

5. Hast du eine Idee, was wir Frau Krahmer bei der Abschiedsfeier schenken können?

6. Wie viele Gäste werden zum Sommerfest erwartet?

7. Darf ich Ihnen ein Glas Sekt anbieten?

a) Ja, gerne. Aber bitte mit Orangensaft.

b) Nein, über ein Geschenk habe ich noch nicht nachgedacht.

c) Herr Agert, Frau Janzen ist am Empfang für Sie.

d) Nein, ich rufe Sie nächste Woche noch einmal an.

e) Wir erwarten zirka 200 Personen.

f) Ja, wir wollen morgen Mittag zusammen essen gehen.

g) Nein, ich möchte gleich mit der Fortbildung beginnen.

1.	2.	3.	4.	5.	6.	7.
d)						

Lernwörter

verabreden	der Rest, -e	nachdenken	der Teilnehmer, -
der Termin, -e	sich melden	beginnen	verabredet sein mit
die Person, -en	anbieten	erwarten	die (Abschieds-)Feier, -n
der Gast, ⸚e	das (Sommer-)Fest, -e		

C Charakter, Eigenschaften und Einstellungen

C1 Charakter und Eigenschaften

Ergänzen Sie. Achten Sie auf die korrekte Form.

> wütend • stolz • zuverlässig • glücklich • zufrieden • beliebt • blöd •
> nett • streng • gerecht • Geduld • lieb • gut gelaunt • neugierig • komisch •
> unsympathisch • unzufrieden • Typ • Art • ernst • nervös • Witz

1. Die Handarbeitslehrerin ist nicht *beliebt*, weil sie sehr *st*_____ ist.

2. Er war sehr *w*_____ und hat sie als *b*_____ Kuh beschimpft.

3. Ich mag seine neue Freundin, sie ist wirklich sehr *n*____.

4. Wir sind mit dem Au-pair-Mädchen *z*_____: Es ist *z*_____

   und sehr *l*____ zu den Kindern.

5. Er bekommt die Stelle, auf die er sich beworben hat, und ist *g*_____.

6. David liebt seine Grundschullehrerin (A: Volksschullehrerin). Sie hat *G*_____,

   behandelt alle Schüler gleich, ist *g*_____ und ist immer *g* *g*_____.

7. Sie waren *st*____ auf den Erfolg ihres Sohnes.

8. Unser Nachbar ist jetzt 86 und mit dem Alter *k*_____ geworden.

9. Ich bin *n*_____, wer seine Freundin ist.

10. Er ist mir *u*_____, weil er immer blöde *W*_____ macht.

11. Ich mag ihn nicht besonders, weil er immer mit allem *u*_____ ist.

12. Simon war vor dem Referat ein bisschen *n*_____.

13. Die beiden sind sich vom *T*____ her sehr ähnlich.

14. Sie lacht nur selten. Sie ist ein *e*_____ Mensch.

15. Er kommt sicher noch, es ist nicht seine *A*____, unzuverlässig zu sein.

Lernwörter

(be-)schimpfen	wütend	beliebt	geduldig
neugierig	gerecht	glücklich	komisch
streng	ernst	zuverlässig	unsympathisch
die Geduld (Sg)	der Witz, -e	der Typ, -en	die Art, -en
zufrieden (mit)			

C

C2 Wie ist er denn?

Ergänzen Sie das Gegenteil.

> passiv • faul • sympathisch • glücklich • unfreundlich • ernst •
> lustig • schlecht gelaunt • dumm

1. freundlich ⟷ *unfreundlich*
2. unsympathisch ⟷ _____
3. fröhlich ⟷ _____
4. unglücklich ⟷ _____
5. aktiv ⟷ _____
6. gut gelaunt ⟷ _____
7. traurig ⟷ _____
8. fleißig ⟷ _____
9. intelligent ⟷ _____

C3 Kontaktanzeigen

Ergänzen Sie die Vokale.

Attraktive bl__nd__ Ärztin, tolle F__g__r, sp__rtl__ch, 37 J., 1,82, st__rk__r Charakter, sucht tr_____n, __hrl__ch__n Partner. Interessen: Oper, K__nz__rt, K__nst, L__t__r__t__r, Natur. Raum 4: sternschnuppe@yuhuu.de

__ttr__kt__v__r Akademiker (34, 1,89), mit H__m__r und T__mp__r__m__nt, schl__nk, sucht Dich: eine h__bsch__, selbstbewusste Frau, um g__m__ns__m das Leben zu g__n__ß__n. Ich freue mich auf __rnst gemeinte Zuschriften unter: Lebensglueck@net.de

Tipp . . . .

Lernen Sie Adjektive immer mit dem Gegenteil: *hässlich ⟷ schön, aktiv ⟷ passiv*

. . . .

Lernwörter

der Humor (Sg)	die Figur, -en	der Partner, -	das Konzert, -e
die Literatur, -en	die Kunst, ⸚e	blond	schlank
fröhlich	glücklich	lustig	sportlich
aktiv	passiv	ernst	faul
schlank	genießen	gemeinsam	

C4 Sprichwörter und Zitate

Ergänzen Sie.

treu • fleißig • feige • mutig • höflich • ehrlich • Zweifel

Im Deutschen lügt man, wenn man (1) _höflich_ ist.
(Johann Wolfgang von Goethe)

Wie (2) _____ man ist, weiß man immer erst nachher.
(Ludwig Marcuse)

Am Abend wird der Faule (3) _____.
(deutsches Sprichwort)

Man ist nicht (4) _____, wenn man weiß, was dumm ist.
(Ernest Hemingway)

Kein (5) _____, der Hund ist treu. Aber sollen wir uns
deshalb ein Beispiel an ihm nehmen? Er ist doch dem Menschen
(6) _____ und nicht dem Hund.
(Oscar Wilde)

Das ganze Regieren besteht aus der Kunst, (7) _____ zu sein.
(Thomas Jefferson)

Lernwörter			
mutig	höflich	feige	fleißig
der Zweifel, -			

C

C5 Wie sieht er aus?

Was passt nicht?

1. Seine Haare sind ... kurz – lang – ~~mager~~ – glatt.

2. Er trägt ... einen Bart – eine Brille – ein Gesicht.

3. Seine Haut ist ganz ... blass – groß – hell.

4. Seine Gesichtsform ist ... rund – breit – blass – schmal.

5. Seine Haarfarbe ist ... grau – schwarz – dünn – braun.

6. Er ist vom Körperbau her ... groß – dick – doof – klein.

7. Sie ist sehr dünn. Sie ist ... schick – schlank – mager.

C6 Schreib doch mal!

Was passt nicht?

1. *Eine Einladung* ... schreiben – bekommen – ~~antworten~~ – kriegen

2. *Auf eine Einladung* ... reagieren – antworten – danken – warten

3. *Ich schreibe mit* ... Brief – Kugelschreiber – Bleistift – Füller.

4. *Zum Schreiben brauche ich* ... einen Zettel – ein Blatt – Papier – eine Diskussion.

5. *Ich schreibe* ... einen Brief – einen Brieffreund – eine Postkarte – eine Ansichtskarte.

6. *Ich brauche für den Brief* ... eine Antwort – einen Briefumschlag (A: ein Kuvert, CH: ein Couvert).

7. *Ich schicke dir* ... eine Post – eine E-Mail / ein E-Mail (A, CH) – einen Brief – eine SMS.

Lernwörter

das Gesicht, -er	hell	der Körperbau (Sg)	schmal
breit	schick	reagieren	kriegen
die Postkarte, -n	die Ansichtskarte, -n	der Zettel, -	der Briefumschlag, ¨e

C7 Gefühle und Einstellungen

Ergänzen Sie. Achten Sie auf die korrekte Form.

> beschließen • Freude • hassen • mit Absicht • sich ärgern •
> Laune • ~~Gefühl~~ • sich wohlfühlen

1. Sie hatte das _Gefühl_, dass das Kind den Ball nicht _m___ A_____
   auf das Auto geschossen hat.

2. Ich _ä_____ _m_____, weil er mich angelogen hat.

3. Er ging nach Hause, weil er _s_____ nicht _w_____.

4. Warum hat er denn heute so schlechte _L_____?

5. Ich _h_____ es, im Stau zu stehen.

6. Meine neue Arbeit macht mir große _F_____.

7. Er hat _b_____, sich eine neue Arbeitsstelle zu suchen.

> sich fürchten • sich entschließen • freiwillig • enttäuscht sein •
> zufrieden sein mit • Hoffnung • sich freuen auf • sich freuen über •
> sich aufregen • aufgeregt

8. Er _f_____ s_____ schon sehr _a___ die Geburtstagsparty.

9. Ich hoffe, sie hat _s_____ ü_____ das Geschenk _gef_____.

10. Wegen der Absage auf meine Bewerbung _b___ ich sehr _e_____.

    Ich habe mir _H_____ gemacht, die Stelle zu bekommen.

11. _M___ dem Ergebnis der Prüfung _i___ sie sehr _z_____.

12. Vor der Prüfung war ich sehr nervös und _a_____.

13. Mein kleiner Sohn _f_____ s_____, wenn es ein Gewitter gibt.

14. Er bekam einen Strafzettel und _r_____ s_____ fürchterlich darüber _a___.

15. Er hat _s____ e_____, _f_____ die Klasse zu wiederholen.

Lernwörter			
sich ärgern	sich freuen auf	sich freuen über	sich wohlfühlen
die Laune, -n	die Freude, -n	die Hoffnung, -en	enttäuscht sein
die Prüfung, -en	das Ergebnis, -se	zufrieden sein mit	mit Absicht
beschließen			

D Körper und Gesundheit

D1 Der Körper

Wie heißen die Körperteile? Ergänzen Sie Nomen und Artikel.

Nase • Knie • Rücken • Ohr • Hand • Kopf • Brust • Bein • Auge • Mund •
Arm • Bauch • Fuß • Zähne (Pl) • Hals • Zeh • Schulter • Haare (Pl)

1. *der Kopf* _____
2. _____
3. _____
4. _____
5. _____
6. _____
7. _____
8. _____
9. _____
10. _____
11. _____
12. _____
13. _____
14. _____
15. _____
16. _____
17. _____
18. _____

D2 Ein Rätsel

Welche Verben gehören zu welchen Körperteilen?
Setzen Sie die Silben richtig zusammen.

nie • ken • spre • se • at • hö • hen • ein • schmin • föh • nen •
men • men • schla • ren • sen • chen • gen • cre

1. das Herz *schlagen*
2. die Haut *e* _____
3. das Auge *s* _____
4. die Lunge *a* _____
5. das Gesicht *s* _____
6. die Haare (Pl) *f* _____
7. die Nase *n* _____
8. der Mund *s* _____
9. die Ohren *h* _____

Lernwörter			
der Körper, -	der Hals, ¨e	der Arm, -e	das Bein, -e
das Knie, -	die Brust, ¨e	das Gesicht, -er	die Haut ¨e
föhnen	niesen	atmen	eincremen
schminken			

D3 Organe I

Ergänzen Sie.

der Darm • das Herz • der Magen • die Lunge • die Leber

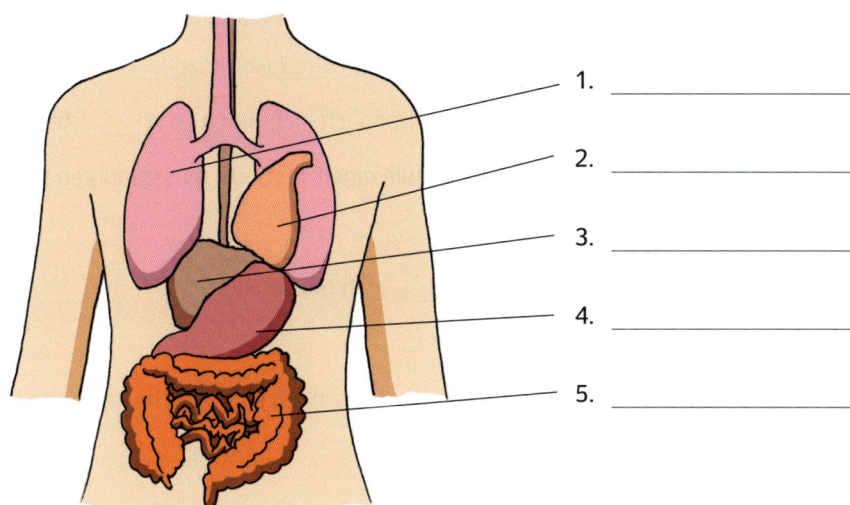

1. _____
2. _____
3. _____
4. _____
5. _____

D4 Organe II

Welches Organ passt?

die Leber • der Darm • ~~das Herz~~ • der Magen • die Lunge

1. *Das Herz* ist das Organ im Innern der Brust, das das Blut durch die Adern pumpt.

2. _____ ist das lange Organ zwischen Magen und After, das der Verdauung dient.

3. _____ ist das Organ, das beim Atmen die Luft aufnimmt und wieder abgibt.

4. _____ ist das Organ, das das Blut von giftigen Substanzen reinigt.

5. _____ ist das Organ, in dem die Nahrung nach dem Essen bleibt, bis sie in den Darm kommt.

Lernwörter			
das Organ, -e	der Magen, ⁻	die Lunge, -n	die Leber, -n
die Haut, ⁻e	der Darm, ⁻e	das Blut (Sg)	

D5 Ralf wird krank

Ergänzen Sie. Achten Sie bei Verben auf die korrekte Form.

> mal müssen • Zustand • träumen • aufgeregt • Ruhe • Klo • ~~schlafen gehen~~ •
> müde • durstig • schwitzen • einschlafen • Fieber • wohlfühlen • wach •
> krankmelden • Schlaf • ausruhen • aufwachen • Traum • Termin • Stress

● Ralf, es ist schon sehr spät. Du musst jetzt (1) *schlafen gehen*.

■ Mama, ich bin gar nicht (2) *m*_____. Kann ich nicht noch (3) *w*_____ bleiben?

● Du schreibst doch morgen in der Schule einen Test? Du musst morgen früh

(4) *a*_____ sein.

■ Ich kann nicht (5) *e*_____. Ich bin so (6) *a*_____, weil der

Test so schwierig wird.

● Ralf, du brauchst deinen (7) *S*_____. Hör noch eine Geschichte, dann kommst du

vielleicht eher zur (8) *R*_____.

■ Okay. Kann ich noch mal aufstehen und aufs (9) *K*____ gehen? Ich (10) *m*____ *m*____.

...

● Guten Morgen Ralf. Hast du gut geschlafen?

■ Nein, ich habe schlecht (11) *g*_____. Deshalb bin ich schon um fünf Uhr

(12) *a*_____.

● Um was ging es denn in deinem (13) *T*_____?

■ Ich weiß es nicht mehr. Ich glaube, ich kann heute nicht in die Schule gehen.

Ich (14) *f*_____ mich nicht *w*_____. Ich bin krank.

● Du hast zu viel (15) *St*_____ in der Schule. Jetzt frühstücke erst einmal.

■ Ich bin aber nicht (16) *d*_____ und hungrig. Kannst du bei Doktor Müller einen

(17) *T*_____ ausmachen? Ich (18) *sch*_____ und friere abwechselnd.

Außerdem habe ich Kopfweh. Ich glaube, ich habe (19) *F*_____.

● Du bist ja ganz heiß. In diesem (20) *Z*_____ kannst du nicht in die Schule

gehen. Ich rufe in der Schule an, um dich (21) *k*_____. Später

gehen wir zum Arzt.

D6 Behinderungen

Finden Sie die Wörter und ergänzen Sie.

mjcfsehbehindertlmnetaubionastummgfssblind

bxyqkörperbehindertpolpügehörloszw

1. Jemand, der sehr schlecht sehen kann, ist *sehbehindert*.

2. Jemand, der nicht hören kann, ist _____, man sagt aber besser _____.

3. Jemand, der nicht sprechen kann, ist _____.

4. Jemand, der nicht sehen kann, ist _____.

5. Jemand, der im Rollstuhl sitzt, ist _____.

D7 Vor der Reise

Finden Sie die Wortgrenzen und schreiben Sie die Sätze.

Familie Wagner möchte in Urlaub fahren und fährt zum Einkaufen in die Stadt.

1. *Frau Wagner möchte eine Bürste und Taschentücher kaufen.*

frauwagnermöchteeinebürsteundtaschentücherkaufen

2. _____

herrwagnerkaufteinenrasierapparateineneuezahnbürsteundzahnpasta

3. _____

lisabrauchteinenlippenstifteinenagelbürsteundeinenagelschere

4. _____

paulamussinderdrogeriebindentamponsundeinesonnencremekaufen

5. _____

davidwillsicheinenneuenföhnundkontaktlinsenbesorgen

D8 Hannah ist schwanger

Ergänzen Sie. Achten Sie bei Verben auf die korrekte Form.

erholen • Kraft • Kind erwarten • Müdigkeit • krankschreiben •
zur Welt bringen • Schwangerschaft • kräftig • Geburt • Hebamme • ~~Pille~~

2017 setzte Hannah die (1) _Pille_ ab und (2) e_____ bald darauf ihr erstes

K____ . Ihr ging es in den ersten drei Monaten der (3) S_____

nicht gut. Sie litt unter Übelkeit und (4) M_____ . Hannah ließ sich von ihrem

Arzt (5) k_____ . Im vierten Monat fühlte sich Hannah wieder

(6) k_____ genug zum Arbeiten. Sie wurde in dieser Zeit von einer (7) H_____

betreut. Im Frühling (8) b_____ Hannah eine gesunde Tochter z___ W___ .

Die (9) G_____ verlief normal, dauerte aber zwölf Stunden. Das hat Hannah viel

(10) K_____ gekostet. Sie (11) e_____ sich noch eine Woche im Krankenhaus.

Dann durften Mutter und Kind nach Hause.

Lernwörter

hungrig	durstig	frieren	schwitzen
das Klo, -s	der Zustand, ⸚e	die Zahnbürste, -n	die Zahnpasta, -s
der Rasierapparat, -e	die Bürste, -n	die Nagelbürste, -n	die Nagelschere, -n
die Binde, -n	die Creme, -s	der Föhn, -e	sich wohlfühlen
der Stress (nur Sg)	erholen	einschlafen	träumen
wach	ausruhen	erholen	krankmelden
die Ruhe (nur Sg)	der Schlaf (nur Sg)	schwanger	die Kraft, ⸚e
ein Kind erwarten	krankschreiben	die Schwanger-	kräftig
		schaft, -en	
die Geburt, -en	blind	taub	stumm
körperbehindert	sehbehindert	gehörlos	

Lernwörter (zu D9)

das Quartal, -e	der Husten	die Infektion,- en	Beschwerden (nur Pl)
die Erkältung, -en	der Schmerz, -en	husten	die Praxis, Praxen (Pl)
das Rezept, -e	der Termin, -e	das Wartezimmer, -	die Tablette, -n
die Überweisung,	die Versicherungs-	die Sprechstunde,	das Antibiotikum,
-en	karte, -n	-n	Antibiotika (Pl)

D9 In der Praxis

Ergänzen Sie. Achten Sie bei Verben auf die korrekte Form.

> Quartal • Husten • Infektion • ~~Beschwerden~~ (Pl) • Erkältung •
> Schmerzen (Pl) • untersuchen • husten • Antibiotikum • Rezept • Termin •
> einschmieren • Überweisung • Tablette • Wartezimmer • Versicherungskarte •
> Sprechstunde • Vertretung • Praxis

● Guten Tag, Frau Schneider. Was haben Sie denn für (1) _Beschwerden_?

■ Guten Tag, Herr Doktor Steffens. Ich habe mir eine (2) E_____ zugezogen.

Ich habe Schnupfen und (3) H_____. Außerdem habe ich Fieber, 39 Grad.

● Haben Sie auch (4) Sch_____ im Hals?

■ Ja, außerdem tut meine Lunge weh, wenn ich (5) h_____.

● Sie haben sich sehr wahrscheinlich eine bakterielle (6) I_____ geholt.

Ich verschreibe Ihnen ein (7) A_____. Nehmen Sie fünf Tage lang

eine (8) T_____ vor den Mahlzeiten. Außerdem gebe ich Ihnen ein

(9) R_____ für Hustensaft und für eine Salbe. Mit der (10) sch_____

Sie sich die Brust und den Rücken e____. Ich möchte Sie in einer Woche gerne

noch mal (11) u_____. Kommen Sie dann am Mittwoch in meine

(12) Sp_____.

▲ Guten Tag, ich brauche eine (13) Ü_____ zum Internisten.

Können Sie mir einen empfehlen?

○ Dr. Müller hat Urlaub. Seine (14) V_____ macht Dr. Dix. Er hat seine

(15) P_____ hier gleich um die Ecke. Rufen Sie rechtzeitig an, wenn Sie einen

Termin möchten.

▲ Schmid, guten Morgen. Ich habe einen (16) T_____ um 11 Uhr.

□ Guten Morgen, Frau Schmid, waren Sie in diesem (17) Q_____ schon bei uns?

▲ Nein, noch nicht.

□ Dann brauche ich Ihre (18) V_____. Nehmen Sie bitte

noch kurz im (19) W_____ Platz.

D10 In der Klinik / Im Spital (A/CH)

Bringen Sie die Buchstaben in Klammern in die richtige Reihgenfolge.

1. Bei Glatteis haben die Ärzte auf der Unfallstation viel Arbeit: Viele

   (nettienPa) *Patienten* haben sich Arme oder Beine verstaucht oder

   (ochgebren) _____ .

2. Der (chsuBe) _____ der Kranken ist in einer (ungteilAb) _____

   wie der Intensivstation nur zwei Stunden erlaubt.

3. Vor einer (tioeranOp) _____ bekommen die Patienten oft eine

   (zeitSpr) _____ mit einem Beruhigungsmittel.

4. Wenn der (stzialiSpe) _____ den Patienten zum weiterbehandelnden

   Arzt schickt, schreibt er einen (chritBe) _____ , der das Untersuchungs-

   ergebnis enthält.

5. Die (gaAbenuf) _____ eines Krankenhauses sind vielfältig: Leben retten,

   Krankheiten behandeln, Patienten (enpfleg) _____ .

6. Die meisten Patienten sind Mitglied in einer gesetzlichen

   (kensekasKran) _____ .

7. Auf jeder Station gibt es einen Materialschrank, in dem z. B.

   (stlaerPf) _____ , Verbände und (alSben) _____ zu finden sind.

8. Bei Allergien und Asthma verschreibt die HNO-Klinik oft ein (raSyp) _____ .

9. Die (ndWue) _____ des Jungen, die stark (eteblut) _____ , wurde

   verbunden. Gegen die Schmerzen bekam er zusätzlich (enpfTro) _____ .

10. In der Zahnklinik tragen die Ärzte Handschuhe, um sich vor

    (ensteAnckung) _____ zu (tzenschü) _____ .

11. Morgens bringt der Krankenwagen (A: die Rettung / CH: die Ambulanz) zwei Verletzte

    in die Klinik: Der Mann ist die Treppe (ürztruntergest) _____

    und ist am Bein verletzt, die Frau hat sich am Gasherd den Arm

    (nntvraerb) _____ .

Lernwörter

der Patient, -en	runterstürzen	schützen	die Tropfen (hier nur Pl)
die Wunde, -n	das Spray, -s	das Pflaster, -	die Krankenkasse, -n (A/CH: Krankenkassa, -kassen)
die Salbe, -n	pflegen	retten	die Aufgabe, -n
der Spezialist, -en	der Bericht, -e	die Spritze, -n	die Operation, -en
der Besuch, -e	gebrochen		

 D11 Alkohol und Drogen

Ergänzen Sie. Achten Sie auf die korrekte Form.

> Team • vermutlich • geschüttelt • täglich • ernst • ~~gefährlich~~ • töten • Bier • betrunken • kontrollieren • positiv • reduzieren • Autor • irgendwann • empfehlen • herausfinden

Bond wäre Alkoholiker

James Bond lebt (1) _gefährlich_. Sollte der Agent im Dienst der Majestät nicht

(2) _____ Opfer eines Verbrechens werden, (3) _____ ihn sein

extremer Alkoholkonsum!

Ein (4) _____ britischer Forscher hat alle Bond-Bücher des (5) _____

Ian Fleming gelesen und (6) _____, dass 007 im echten

Leben Alkoholiker wäre, da er fast (7) _____ große Mengen Alkohol trinkt.

In „Liebesgrüße aus Moskau" hat Bond eine Alkoholmenge, die zehn Litern

(8) _____ entspricht, getrunken und war folglich nicht nur beschwipst, sondern

stark alkoholisiert und (9) _____. (10) _____ trinkt

007 seinen Wodka-Martini (11) _____ und nicht gerührt, da er

seine Muskeln alkoholbedingt nicht mehr (12) _____ kann.

Die Forscher (13) _____ Bond seinen Alkoholkonsum zu

(14) _____. Sie wollen mit der nicht ganz (15) _____ gemeinten

Studie darauf hinweisen, dass extremes Alkoholtrinken in Filmen oft zu

(16) _____ dargestellt wird.

D12 Zigaretten und Tabak

Ergänzen Sie. Achten Sie auf die korrekte Form.

> ~~Zigarettenschachtel~~ • leicht • Tabak • Pfeife • Automat • ausmachen •
> Filter • Gesundheit • Feuerzeug • Zigarette

1. Wer mit dem Rauchen aufhört, sollte alles, was an das Rauchen erinnert, wie

   Zigarettenschachteln, Aschenbecher und _____ entsorgen.

2. _____ und Zigaretten werden im Supermarkt verschlossen aufbewahrt.

3. _____ Sie bitte die Zigarette _____. Hier ist Rauchen verboten!

4. Er raucht keine Zigaretten, aber _____ und sie raucht Zigaretten

   ohne _____.

5. Auch _____ Zigaretten sind schädlich für die _____.

6. Wir verkaufen keine _____, aber am Eingang gibt es

   einen _____.

Lernwörter

töten	gefährlich	irgendwann	herausfinden
betrunken	ernst	vermutlich	das Bier, -e
das Team, -s	der Autor, -en	schütteln	kontrollieren
empfehlen	reduzieren	die Zigarette, -n	die Pfeife, -n
der Tabak, -e	der Filter, -	die Schachtel, -n	das Päckchen, -
das Feuerzeug, -e			

E Wohnen und Hausarbeit

E1 Wohnformen

Wie wohnen die Studentin, die Rentnerin und die Familie? Ergänzen Sie.

Altersheim • in der Nähe • leisten • Erdgeschoss (A/CH: Parterre) •
Eigentumswohnung • Hof • Spielplatz • Appartement • ausziehen • Lage •
entstehen • Einfamilienhaus • Studentenwohnheim • ~~wohnen bei~~ • Semester •
Wohngemeinschaft • Stock (CH: Etage) • allerdings • vergrößern • vermieten •
umziehen (A: übersiedeln) • Mieter • Hochhaus • Tiefgarage • Kellerabteil

Ich (1) *wohne* noch *bei* meinen Eltern, weil ich im (2) *St*_____

kein Zimmer bekommen habe. Ich würde gerne von zu Hause (3) *a*_____

und in einem (4) *A*_____ wohnen. Das kann ich mir aber leider nicht

(5) *l*_____. Nächstes (6) *S*_____ ziehe ich in eine (7) *W*_____.

....

Als die Kinder ausgezogen sind, war uns unser (8) *E*_____ viel zu groß.

Wir haben dann das (9) *E*_____ (10) *v*_____ und den ersten

(11) *St*_____ so umgebaut, dass dort eine abgetrennte Wohnung (12) *e*_____

ist. Die (13) *v*_____ wir jetzt. Es ist (14) *a*_____ nicht einfach,

passende (15) *M*_____ zu finden. Ich hoffe, dass ich noch lange hier wohnen

kann und nie in ein (16) *A*_____ (17) *u*_____ muss.

....

Wir wohnen in einer 4-Zimmer-Wohnung. Die Wohnung ist eine

(18) *E*_____ in einem (19) *H*_____. Die (20) *L*_____ ist

super. Wir haben die U-Bahn ganz (21) *i___d___N____*. Uns gefällt, dass die Kinder

im (22) *H____* spielen können. Der (23) *Sp*_____ eignet sich allerdings leider

nur für kleinere Kinder. Zur Wohnung gehören auch ein (24) *K*_____ und

ein Stellplatz in der (25) *T*_____.

Lernwörter

das Appartement, -s	das Erdgeschoss, -e	der Hof, ¨e	der Stock (Sg)
umziehen	sich etwas leisten	entstehen	das Semester, -
die Lage, -n	der Mieter, -	vermieten	(ab-)getrennt
sich eignen	das (Keller-)Abteil, -e	allerdings	in der Nähe

E2 Eine Zweitwohnung in Berlin

Finden Sie die Wortgrenzen und schreiben Sie Sätze.

1. *Herr Braun besitzt eine Zweitwohnung in Berlin.*

   herrbraunbesitzteinezweitwohnunginberlin

2. _____

   indennebenkostensindheizungwasserundhausmeisterkostenenthalten

3. _____

   denmietvertragmüssenmieterundvermieterunterschreiben

4. _____

   inunseremwohnblockwohnenvielefamilienmitkindern

5. _____

   siehateinzimmerzuruntermietebeieineraltendame

E3 Miete – mieten

Wie heißen die Verben?

1. die Kündigung: einen Vertrag *kündigen*

2. die Miete: eine Wohnung _____

3. der Umzug: in eine andere Stadt _____

   (A: die Übersiedlung: _____)

4. der Einzug: in eine neue Wohnung _____

5. die Lage: Die Wohnung _____ in der 3. Etage.

Lernwörter

der Wohnblock, ⁻e	der Vermieter, -in	enthalten	besitzen
der Hausmeister, -	der Umzug, ⁻e	umziehen	kündigen

E4 Ich suche eine Wohnung

Ergänzen Sie. Achten Sie auf die korrekte Form.

> MÜNCHEN SCHWABING
> 2 ZKB, 49,5 m², 3. OG, EBK,
> Park., ab sof. v. priv. zu verm.,
> 799,– + NK/KT

> besichtigen • üblich • Toilette • Nebenkosten • Kaution •
> Anzeige (CH: Annonce) • zeigen • Wohnung • Ecke • Lift •
> Nebenstraße • ruhig • liegen • genau

● Guten Abend, mein Name ist Annette Bauer. Ich rufe wegen der (1) _Anzeige_

in der Süddeutschen Zeitung an. Ist die (2) _____ noch frei?

■ Ja, die ist noch zu haben.

● Wo in Schwabing liegt die Wohnung (3) _____?

■ Die Wohnung ist in der Agnesstraße 6, (4) _____ Zentnerstraße.

● Ist die Lage (5) _____?

■ Ja, sehr ruhig. Beide Straßen sind (6) _____.

● Gibt es in dem Haus einen (7) _____?

■ Nein, leider nicht. Es ist eine Altbauwohnung ohne Aufzug.

● Hat die Wohnung eine separate (8) _____?

■ Nein, das WC ist mit im Badezimmer.

● Wie hoch ist die (9) _____?

■ Die (10) _____ drei Monatsmieten.

● Wie hoch sind die (11) _____?

■ Die (12) _____ zurzeit bei 150 Euro monatlich.

● Könnte ich die Wohnung (13) _____?

■ Ja, am Samstagmorgen ab 9 Uhr könnte ich Ihnen die Wohnung (14) _____.

Lernwörter			
üblich	die Nebenstraße, -n	die Lage, -n	die Anzeige, -n
besichtigen	genau	die Kaution, -en	Nebenkosten (Pl)

Tipp . . . .

Nomen mit dazugehörigen Verben lernen

Zu bestimmten Nomen passen bestimmte Verben:

eine Wohnung **besichtigen**, *eine Wohnung* **mieten**, *einen Vertrag* **kündigen** ...

Lernen Sie Nomen möglichst mit den passenden Verbindungen. Lernen Sie mit Kartei-karten? Dann können Sie solche Verbindungen auf Ihren Karteikarten notieren.

. . . .

E5 Das Zimmer ist möbliert

Wie heißt das Gegenteil? Ergänzen Sie.

> wunderschön • dunkel • abschließen • praktisch • unbequem • inklusive •
> ~~unmöbliert~~ • modern • gemütlich • funktioniert • inbegriffen • dreckig

1. Das Zimmer ist *möbliert.* ⟷ Das Zimmer ist <u>*unmöbliert*</u>.

2. Die Nebenkosten sind *exklusive.* ⟷ Die Nebenkosten sind _____.

3. Das Sofa ist *bequem.* ⟷ Das Sofa ist _____.

4. Die Wohnung ist *ungemütlich.* ⟷ Die Wohnung ist _____.

5. Er muss die Hintertür *aufschließen.* ⟷ Er muss die Hintertür _____.

6. Das Treppenhaus ist *sauber.* ⟷ Das Treppenhaus ist _____.

7. Die Aussicht ist *schrecklich.* ⟷ Die Aussicht ist _____.

8. Die Rollläden sind *unpraktisch.* ⟷ Die Rollläden sind _____.

9. Die Wohnung ist *hell.* ⟷ Die Wohnung ist _____.

10. Dieser Schalter ist *defekt.* ⟷ Dieser Schalter _____.

11. Sie hat die Wohnung *altmodisch* eingerichtet. ⟷ Sie hat die Wohnung

    _____ eingerichtet.

12. Die Endreinigung muss *zusätzlich* bezahlt werden. ⟷ Die Endreinigung ist

    im Preis _____.

Lernwörter

möbliert	inklusive	die Hintertür, -en	das Treppenhaus, ¨er
der Hof, ¨e	die Aussicht, -en	praktisch	modern
der Schalter, -	abschließen	einrichten	

E6 Unser Haus: Erdgeschoss

Ergänzen Sie. Achten Sie auf die richtige Form.

Erdgeschoss (A/CH: Parterre) • Plan • Wohnfläche • Eingang • Küche • Gästetoilette • Flur (CH: Korridor) • Baugenehmigung • Architekt • Grundstück •
offen • Wohnbereich • Baufirma • Esstisch • aufräumen • riechen • zwar

● Habt ihr schon ein (1) _Grundstück_ für euer Haus gefunden?

■ Ja, wir haben auch schon die (2) B_____ und unsere

(3) B_____ hat noch vor dem Winter den Rohbau gemacht. Komm, ich zeig

dir die (4) P_____ von unserem (5) A_____.

● Oh, da bin ich aber neugierig. Wie groß ist denn die (6) W_____?

■ 148 Quadratmeter. Schau, das ist der Plan vom (7) E_____. Hier ist der

(8) E_____. Rechts ist die Küche, links die (9) G_____. Durch

den (10) F_____ kommt man ins Wohnzimmer. Direkt vor der (11) K_____ steht

dann unser Esstisch.

● Die Küche ist schön groß. Da ist Platz für einen kleinen (12) E_____. Du hast

auch eine Tür zum (13) W_____.

■ Ja, das ist mir wichtig. (14) O_____ Küchen sind (15) z_____ modern, aber ich mag

das nicht. Es (16) r_____ dann doch alles nach Essen, wenn man kocht. Und ich

möchte nicht immer gleich die Küche (17) a_____.

Lernwörter			
der Eingang, ¨e	der Plan, ¨e	die (Bau-)Genehmigung, -en	das Grundstück, ¨e
der Architekt, -en	der Flur, -e	das Erdgeschoss, -e	zwar
der (Wohn-)Bereich, -e	aufräumen	die Wohnfläche, -n	riechen

E7 Unser Haus: Obergeschoss, Dachgeschoss und Keller

Ergänzen Sie. Achten Sie auf die richtige Form.

Keller • Obergeschoss • Dachgeschoss • Badezimmer • Kinderzimmer •
Schlafzimmer • Gästezimmer • Fenster • Badewanne • Dusche • Raum •
planen • einrichten • erkennen • entscheiden • Handwerker • Elektriker

- Und das ist der Plan des (1) *Obergeschosses*. Da sind dann unser

  (2) *Sch*_____ und zwei (3) *K*_____. Das

  (4) *B*_____ ist neben unserem Schlafzimmer. Wir haben darin

  eine Dusche und eine (5) *B*_____ geplant.

- Wer kriegt das größere Zimmer mit den zwei (6) *F*_____, Simon oder David?

- Das haben wir noch nicht (7) *e*_____. Und so sieht das

  (8) *D*_____ aus. Das wird unser (9) *G*_____.

  In dem Bad gibt es allerdings keine Wanne, nur eine (10) *D*_____.

- Habt ihr einen (11) *K*_____?

- Ja, mit drei getrennten (12) *R*_____.

- Glückwunsch. Das wird ein schönes Haus. Man (13) *e*_____ auf den Plänen

  gut, wie ihr das Haus (14) *e*_____ werdet. Hattet ihr bis jetzt Probleme

  mit den (15) *H*_____?

- Kaum, nur mit dem (16) *E*_____. Der hat die Steckdosen nicht alle

  so gesetzt wie (17) *g*_____.

Lernwörter

(sich) entscheiden	die Wasserleitung, -en	das Treppenhaus, ̈-er	der Schlafraum, ̈-e
die Badewanne, -n	der Handwerker, -	einrichten	die Steckdose, -n
der Elektriker, -	planen		

E8 Möbel und Einrichtungsgegenstände

Ordnen Sie zu.

der Sessel (A/CH: der Fauteuil) • der Stuhl (A: der Sessel) •
der Tisch • der Schreibtisch (CH: das Pult) • der Schreibtischstuhl •
der Schrank (A/CH: der Kasten) • das Sofa / die Couch • die Lampe •
das Bett • das Kissen (A: der Polster) • der Teppich • der Hocker •
das Regal • das Bild • die Garderobe • das Fenster • der Vorhang •
die Bank • die Vase • der Spiegel

1. *der Schreibtisch*   3. _____   5. _____

2. _____   4. _____   6. _____

7. _____   9. _____   11. _____

8. _____   10. _____   12. _____

13. _____   14. _____   16. _____

15. _____

17. _____   18. _____   19. _____

20. _____

Lernwörter

der Hocker, -   der Schreibtisch, -e   der Vorhang, ¨e   die Garderobe, -n

E9 Die Küche

Ordnen Sie zu.

> der Backofen • der Elektroherd • die Spüle (A: der Abwasch) •
> die Spülmaschine • die Uhr • die Kaffeemaschine • die Mikrowelle •
> der Kühlschrank • das Geschirr • der Wasserhahn

1. *die Mikrowelle*
2. _____
3. _____
4. _____
5. _____
6. _____
7. _____
8. _____
9. _____
10. _____

E10 Das Bad

Ordnen Sie zu.

die Toilette / das Klo • der Spiegel • das Waschbecken (CH: das Lavabo) •
die Badewanne • die Dusche • das Handtuch • das Toilettenpapier •
die Zahnbürste • die Badeente

1. *die Dusche*

2.

3.

4.

5.

6.

7.

8.

9.

Lernwörter

die Mikrowelle, -n	die Kaffeemaschine, -n	der Elektroherd, -e	die Spüle, -n
das Geschirr (Sg)	die Zahnbürste, -n	die Badewanne, -n	

E

E11 Wasser, Heizung, Elektrizität

Ergänzen Sie. Achten Sie auf die richtige Form.

> elektrisch • brennen • Kabel • Stecker • Kohle •
> Ofen • Strom • Holz • Gas • Öl • Glühbirne • Steckdose • ~~Wasserleitung~~ •
> Trinkwasser • Stromleitung • Zentralheizung • Elektrogerät

1. Bei uns kommt aus der *Wasserleitung* gutes *T*_____.
2. Wir heizen unser Haus nicht mit *Ö*__, sondern mit *G*____.
3. In der Skihütte gibt es nur einen *O*_____, den man mit *H*_____ heizen muss.
4. Unsere Großeltern hatten keine *Z*_____. Sie haben noch

   mit *K*_____ geheizt.
5. Bei den Nebenkosten ist *St*_____ nicht dabei, den muss man extra bezahlen.
6. Diese runden *St*_____ passen in England nicht in die *St*_____.
7. In dem alten Haus muss man die *St*_____ erneuern.
8. Das *K*_____ ist zu kurz, hast du ein Verlängerungskabel?
9. Sie hat viele überflüssige *E*_____, z. B. eine *e*_____

   Saftpresse.
10. Die Lampe *b*_____ nicht. Wechselst du bitte die *G*_____ aus?

E12 Elektrogeräte bedienen

Was passt nicht? Kreuzen Sie an.

1. Es ist dunkel, kannst du bitte das Licht ...
   ☐ einschalten (A: aufdrehen, CH: anzünden)? ☐ anmachen? ☒ brennen?
2. Komm, wir gehen. Kannst du bitte noch das Licht ...
   ☐ ausschalten (A: abdrehen, CH: ablöschen)? ☐ heizen? ☐ ausmachen?
3. Der Stecker passt nicht. Ich kann ihn nicht ...
   ☐ drücken? ☐ (r)einstecken? ☐ ausstecken?
4. Kannst du bitte den Schalter ...
   ☐ ausschalten? ☐ drücken? ☐ einstecken?

Lernwörter			
die Kohle, -n	der Stecker, -	der Ofen, Öfen	die Wasserleitung, -en
die Glühbirne, -n	das Elektrogerät, -e	das Kabel, -	die Steckdose, -n
einschalten	ausschalten	(r)einstecken	ausstecken

E

E13 Arbeiten im Haushalt

Ergänzen Sie.

staubsaugen • fegen (A: kehren) • Wäsche aufhängen • braten • backen • spülen • Fenster putzen • abtrocknen • bügeln • aufräumen • Betten machen • Boden wischen

1. _staubsaugen_   2. _____   3. _____

4. _____   5. _____   6. _____

7. _____   8. _____   9. _____

10. _____   11. _____   12. _____

Lernwörter

aufräumen	braten	backen	staubsaugen
die Wäsche (Sg)	aufhängen		

E14 Wohin mit dem Müll?

Ergänzen Sie.

Metall • Mülltonnen • Kompost • Abfall • Kunststoff •
trennen • ~~Müll~~ • Papier • Glas

Alle Münchner Bürgerinnen und Bürger sind verpflichtet, ihren (1) *Müll* sorgfältig zu

(2) _____. Um das Trennen zu erleichtern, stehen jedem Haushalt die folgenden

drei Arten von (3) _____ zur Verfügung:

● die blaue Papiertonne für (4) _____ und Pappe

● die braune Biotonne für (5) _____ (Küchen- und Gartenabfälle)

● die schwarze Restmülltonne für nicht verwertbaren (6) _____.

Abfälle aus (7) _____, (8) _____ und (9) _____ wirft man in

spezielle Recycling-Container an öffentlichen Plätzen.

E15 Die Kunst der Mülltrennung

Ergänzen Sie. Achten Sie auf die richtige Form.

> Gartenabfälle • wegwerfen • entsorgen • Mülleimer (A: Mistkübel) •
> schmeißen • Witz • ordentlich • Mülltonne • Essensreste

● Halt, (1) *schmeiß* doch die Shampooflasche nicht in den (2) _____.

Plastikflaschen (3) _____ ich immer im Wertstoffcontainer für Kunststoff,

sonst ist die (4) _____ immer gleich voll.

○ Du bist aber sehr (5) _____ mit deinem Müll!

● Mach keine (6) _____, da versteh ich keinen Spaß. ... Stopp, gekochte

(7) _____ kommen nicht in die Biotonne. Da kommen nur ungekochte

Gemüse- und Obstreste und unsere (8) _____ rein.

○ Also, bei dir (9) _____ ich nichts mehr _____ ...

Lernwörter

der Müll (Sg)	die Mülltonne, -n	der (Müll/Abfall-)Eimer, -	trennen
entsorgen	wegwerfen	ordentlich	der Witz, -e
der (Essens-)Rest, -e	der Kunststoff, -e		

F Natur, Wetter und Jahreszeiten

F1 Wohnen auf dem Land

Ergänzen Sie. Achten Sie auf die korrekte Form.

umziehen • Gegend • dort •
in der Nähe von • Wiese • Bauernhof •
Zentrum • Ort • Bach • Stadtrand •
Umgebung • auf dem Land •
sich wohlfühlen • Fabrik • Industrie

- Wohnt ihr immer noch in der (1) *Gegend* vom Englischen Garten?

- Nein, wir sind in einen kleinen (2) _____ am (3) _____ von München (4) _____, nach Unterhaching. Wir haben im (5) _____ keine Wohnung mit Garten gefunden.

- Ist dort nicht die (6) _____ von Develey?

- Ja, die ist (7) _____. Südöstlich von München gibt es viel (8) _____. Und wo wohnt ihr jetzt?

- Wir wohnen seit letztem Jahr (9) _____ _____ _____, in Grafing. Das ist eine kleine Stadt (10) ____ _____ _____ _____ München. Stell dir vor, durch unseren Garten fließt sogar ein kleiner (11) _____. In der (12) _____ gibt es (13) _____ und viele Felder und (14) _____. Wir (15) _____ _____ dort sehr _____.

Lernwörter

die Fabrik, -en	die Industrie, -n	die Umgebung, -en	die Gegend, -en
der Bauernhof, ⁻e	der Bach, ⁻e	in der Nähe von	die Wiese, -n
umziehen	sich wohlfühlen	der (Stadt-)Rand, ⁻er	

F2 Himmelsrichtungen

Ergänzen Sie.

im Norden • im Süden • ~~im Osten~~ • im Westen

Die Sonne geht (1) *im Osten* auf. (2) _____ _____ nimmt sie ihren Lauf.

(3) _____ _____ wird sie untergehen. (4) _____ _____ ist sie nie zu sehen.

F3 Rhein und Ruhr

Ergänzen Sie die fehlenden Vokale.

Im Ruhrgebiet gibt es viel (1) *Industrie*. Die (2) L__ndsch__ft ist meistens flach, es gibt

keine hohen (3) B__rg__. Früher wurde dort (4) K__hl__ gefördert und Stahl hergestellt und

die (5) L__ft war dreckig. Heute ist die Luft sauber und es gibt keinen (6) Sm__g mehr.

Der Rhein ist der größte (7) Fl__ss Deutschlands. An seinem (8) __f__r gibt es einen

berühmten Felsen. In einer Sage wird erzählt, dass darauf eine schöne junge Frau saß,

die Loreley, und ihre langen (9) bl__nd__n Haare (10) k__mmt__ und sang. Darum schauten

die Schiffer nach oben und nicht auf den Fluss und viele Schiffe (11) s__nk__n deshalb an

dieser (12) St__ll__.

Lernwörter			
im Norden (von)	im Süden (von)	im Osten (von)	im Westen (von)
die Landschaft, -en	die Stelle, -n	das Ufer, -	kämmen
blond	die Kohle, -n	die Industrie, -n	sinken

F4 Wir fahren ans Meer

Ergänzen Sie. Achten Sie auf die korrekte Form.

Praktikum • Organisation • ~~Urlaub machen~~ • wandern • schützen •
Insel • Strand • Nationalpark • Küste • Meer • Nordsee

- Wo (1) _macht_ ihr dieses Jahr (A: heuer) _Urlaub_?

- Wir wollen ans (2) M_____ und fahren nach Korsika. Die (3) I_____ ist sehr schön,

  an der (4) K_____ gibt es viele Strände zum Baden. Und ihr?

- Wir fahren an die (5) N_____, auf die Insel Amrum. Wir (6) w_____

  dort gerne am (7) S_____. Mein Sohn macht dort dieses Jahr (A: heuer) ein

  (8) P_____ bei einer (9) O_____, die den

  (10) N_____ Wattenmeer (11) _sch_____.

F5 Ein Baum

Ordnen Sie zu.

der Zweig • der Ast • die Wurzel • das Gras • ~~der Stamm~~ • das Nest

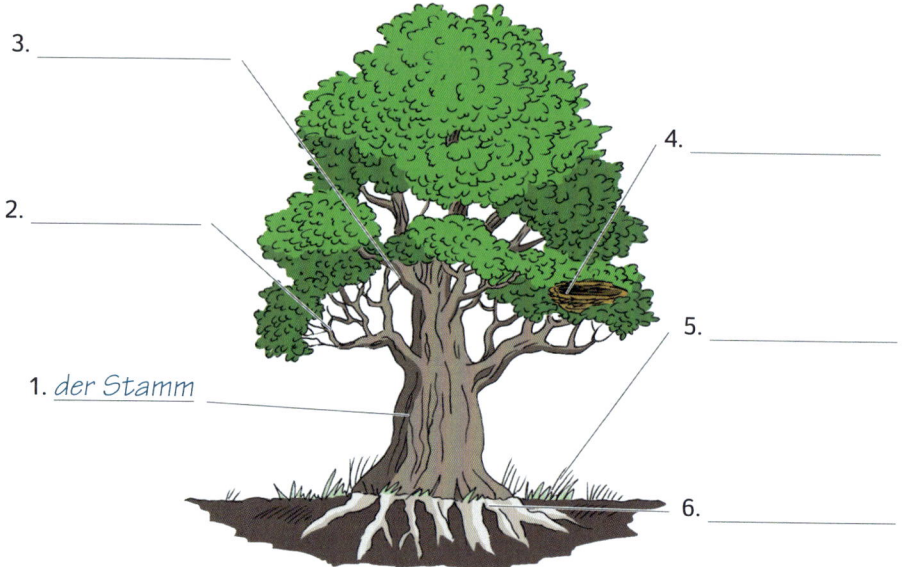

3. _____

4. _____

2. _____

5. _____

1. _der Stamm_

6. _____

Lernwörter

Urlaub machen	schützen	das Gras, ¨er	das Praktikum
wandern	die Organisation, -en	der Nationalpark, -s	(Pl. Praktika)

F6 Rasen, Blumen, Büsche und Sträucher

Welches Wort oder welche Wörter passen nicht?

1. Den Rasen kann man: gießen – ~~wachsen~~ – ~~pflücken~~ – säen

2. Einen Blumenstrauß kann man: pflücken – verschenken – binden – wachsen – in die Vase stellen – abschneiden

3. Büsche und Sträucher kann man: pflücken – pflanzen – setzen – gießen

4. Eine Blüte kann: wachsen – blühen – abfallen – pflücken

5. Eine Blume kann man: setzen – pflanzen – pflücken – blühen

F7 Tiere fressen ...

Hier stimmt doch was nicht! Streichen Sie den Fehler durch.

1. Hühner, Gänse, ~~Hasen~~, Enten, Puten und Truthähne sind Geflügel.

2. Vögel haben Beine, Flügel, Federn und Flossen.

3. Im Münchner Tierpark darf man Ziegen streicheln, füttern und beißen.

4. Mein Kollege fischt Forellen mit Fliegen und Bienen.

5. Mücken können fliegen, schwimmen und stechen.

6. Im Zoo kann man Fische angeln und anschauen.

7. Als Haustiere hat sie Mäuse und Insekten in einem Käfig.

8. Kühe, Schafe, Hühner und Ziegen geben Milch.

9. Rinder, Schafe, Krokodile und Pferde fressen Gras.

10. Hunde, Katzen und Schlangen fressen Mäuse.

Lernwörter			
der Rasen, -	das Gras, ⸚er	die Blüte, -n	gießen
(ver-)schenken	wachsen	blühen	abschneiden
binden	das Geflügel (Pl)	die Ente, -n	die Mücke, -n
fressen	der Tierpark, -s	der Zoo, -s	das Schaf, -e
die Kuh, ⸚e	das Rind, -er	die Fliege, -n	die Biene, -n
das Insekt, -en	die Maus, ⸚e	beißen	füttern
anschauen			

F8 Tiere und Tierkinder

Ergänzen Sie.

das Küken • das Schwein • der Hahn • die Kuh • das Pferd • die Henne • das Ferkel • der Stier • das Schaf • das Fohlen • das Lamm • der Maulwurf • die Maus • das Kalb • der Stall

1. *der Hahn*
2. _____
3. _____
4. _____
5. _____
6. _____
7. _____
8. _____

9. _____
10. _____
11. _____
12. _____
13. _____
14. _____
15. _____

Lernwörter

der Stall, ¨e   das Schwein, -e   das Schaf, -e
das Pferd, -e   die Kuh, ¨e   das Rind, -er

F9 Tiere im Zoo

Ergänzen Sie.

der Affe • die Schildkröte • die Giraffe • der Bär • der Pinguin •
das Krokodil • der Löwe • der Elefant • die Schlange

1. *die Giraffe*

2. _____

3. _____

4. _____

5. _____

6. _____

7. _____

8. _____

9. _____

F10 Tier-Quiz

1. Warum machen Spinnen Netze?

a) um Fische zu fangen
b) um Insekten zu fangen
c) um Blätter zu fangen

2. Welcher Vogel bringt in Deutschland angeblich die Babys?

a) der Papagei
b) der Storch
c) der Adler

3. Wie verständigen sich Bienen?

a) sie summen
b) sie tanzen
c) sie singen

4. Warum fliegen manche Vögel bei schlechtem Wetter tief?

a) damit sie besser sehen
b) weil Insekten bei schlechtem Wetter tief fliegen
c) weil es am Boden wärmer ist

F11 Die Wetterkarte

Ordnen Sie zu.

sonnig / heiter • Gewitter • Regen • Regenschauer • Schnee • Schneeregen • Nebel • bewölkt

1. *sonnig / heiter* ☀

5. _____

2. _____

6. _____

3. _____

7. _____

4. _____

8. _____

Lernwörter

der Affe, -n	der Bär, -en	der Elefant, -en	die Giraffe, -n
das Krokodil, -e	der Löwe, -n	der Pinguin, -e	die Schildkröte, -n
die Schlange, -n	bewölkt	sonnig	das Gewitter, -
der Nebel, -	das Insekt, -en		

F12 Jahreszeiten in Deutschland

Ergänzen Sie. Achten Sie auf die korrekte Form.

> Jahreszeit • Rasen • frisch • sonnig • blühen • besonders •
> ausmachen • riechen • kühl

Jede (1) *Jahreszeit* ist anders. Im Frühling ist es

morgens meist noch (2) *f*_____ und die Luft ist

(3) *k*_____. Am Nachmittag wird es dann (4) *s*_____

und warm. Der (5) *R*_____ in meinem Garten wird

wieder grün und die Frühlingsblumen (6) *b*_____.

Ich mag (7) *b*_____ die Krokusse, die Tulpen und die Narzissen. Der Regen im

Frühling (8) *m*_____ mir nichts _____, weil es danach so gut (9) *r*_____.

> Gewitter • Bauer • Sonne • wachsen • Wiese • Gras • Sommer •
> vorkommen • Grad • Schwimmbad • Hitze • Schatten

Im (10) *S*_____ sind die Temperaturen meistens

hoch. Das (11) *G*_____ (12) _____ schon sehr hoch

*gew*_____ und auf dem Land sieht man die

(13) *B*_____ ihre (14) *W*_____ mähen. Man kann

nach der Arbeit ins (15) *Sch*_____ gehen oder

an einen See fahren und sich in die (16) *S*_____ legen. Wenn es sehr heiß ist und es

schon morgens eine (17) *H*_____ mit mehr als 30 (18) *G*_____ im (19) *Sch*_____

gibt, haben manche Schüler hitzefrei. Das (20) *k*_____ aber nicht oft _____. Wenn es

sehr heiß ist, gibt es auch manchmal (21) *G*_____.

Lernwörter

die Jahreszeit, -en	frisch	kühl	sonnig
blühen	vorkommen	die Wiese, -n	das Gras, ¨er
wachsen	der Bauer, -n	das Schwimmbad, ¨er	die Temperatur, -en
die Hitze, -n	das Grad, -e	der Schatten, -	das Gewitter, -
riechen			

allerdings • Blatt • Pilz (A: Schwammerl) • Nebel • früh • Temperatur •
Spaziergang • angenehm • sinken • regnen • gefrieren • blasen

Im Herbst gibt es morgens oft (22) N_____. Am

Nachmittag können die (23) T_____

sehr (24) a_____ steigen. (25) A_____

kann es auch mal tagelang (26) r_____ und der Wind

kann stürmisch (27) b_____. Am Abend wird es

immer (28) f_____ dunkel und die Temperaturen (29) s_____. Nachts kann es manch-

mal schon (30) g_____. Im Herbst mache ich gerne (31) S_____

im Wald, weil die (32) B_____ dann so schön bunt sind und weil ich gerne

(33) P_____ sammle.

Stadion • schneien • See • Schnee • Tag • Glatteis • Stau •
frieren • Nacht • nass • Kamin • gefährlich • glatt

Im Winter sind die (34) T_____ kurz und die

(35) N_____ lang. An Tagen, an denen es nur

(36) n_____, kalt und grau ist, mag ich den Winter nicht.

Wenn es aber (37) sch_____, viel (38) Sch_____ liegt,

die Sonne scheint und ich Schlitten und Ski fahren kann,

dann liebe ich den Winter. Auch auf das Schlittschuhlaufen im (39) Eis-St_____ oder

auf einem (40) S_____ freue ich mich. Wenn ich im Haus (41) f_____, mache ich mir ein

Feuer im (42) K_____, das finde ich gemütlich. Was ich im Winter nicht mag, ist

(43) G_____. Ich finde es dann zu (44) g_____, mit dem Fahrrad zur

Arbeit zu fahren. Ich nehme das Auto, wenn es (45) g_____ ist, aber dann stehe ich

leider fast immer im (46) St_____.

Lernwörter

der Kamin, -e	angenehm	der Nebel, -	die Temperatur, -en
steigen	sinken	frieren	blasen
schneien	der Stau, -s	der Spaziergang, ¨e	allerdings
das Stadion, Stadien	gefährlich	der Pilz, -e (A: das Schwammerl, -)	

F13 Wie wird das Wetter heute?

Ergänzen Sie. Achten Sie auf die korrekte Form.

> schneien • Wettervorhersage • ~~Wetterbericht~~ • vorhersagen • bleiben •
> Glatteis • glatt • Wolke • Sonnenschein • Tief • Donner • Blitz • Frost • Salz

1. ● Nimm einen Schirm mit, im *Wetterbericht* haben sie Regen

   _____.

   ■ Ach was, es ist keine _____ am Himmel.

2. ● Lies mal die _____. Ein _____ bringt wechselhaftes

   Wetter. Nur gelegentlich _____.

   ■ Schade, ich habe gehofft, dass das Wetter schön _____.

3. ● Warum hört man den _____ nach dem _____?

   ■ Weil der Schall langsamer ist als Licht.

4. ● Du musst die Blumen von der Terrasse reinstellen. Es soll heute

   Nacht _____ geben.

   ■ Ja, mach ich gleich.

5. ● Ich komme etwas später. Es hat heute Nacht _____. Und die

   Straßen sind _____.

   ■ Ja, bei uns ist auch _____. Ich habe schon _____ gestreut.

F14 Sonne, Mond und Sterne

Was passt nicht?

1. Am Himmel sieht man: die Sonne – den Mond – die Sterne – ~~den Schatten~~
2. Das Klima ist: bewölkt – trocken – mild – feucht
3. Der Wind: weht – bläst – gefriert – pfeift
4. Im Herbst gibt es: Nebel – Hitze – Stürme – Frost
5. Die Temperaturen: fallen – frieren – sinken – steigen

Lernwörter			
der Wetterbericht, -e	mild	feucht	blasen
gefrieren	sinken	steigen	der Blitz, -e
der Donner, -	schneien	glatt	

G Reisen und Verkehr

G1 Wohin fahrt ihr in den Urlaub?

Ergänzen Sie. Achten Sie auf die korrekte Form.

> Ferien • entfernt • flexibel • entspannend • verbringen • buchen •
> sich kümmern • ~~in den Urlaub fahren~~ (CH: in die Ferien fahren) •
> dahin kommen • Flieger • Fähre • Auto • Wanderung • Sehenswürdigkeit •
> Internet • Swimmingpool • Appartement • Ferienwohnung

■ Wohin (1) *fahrt* ihr dieses Jahr (A: heuer) *in den Urlaub*?

● Wir fahren wieder nach Elba.

■ Oh, schön, und wie (2) *k_____* ihr *d_____*?

● Wir fahren mit dem (3) *A_____* und nehmen in Piombino die (4) *F_____*. Wir möchten

nicht den ganzen Urlaub am Strand (5) *v_____*. Wir schauen uns gerne mal

(6) *S_____* an oder machen (7) *W_____*,

da ist man mit dem Auto (8) *fl_____*.

■ Geht ihr in ein Hotel oder in eine (9) *F_____*?

● Wir haben im (10) *I_____* ein nettes (11) *A_____* gefunden,

das nur 600 Meter vom Strand (12) *e_____* ist. Und was macht ihr in den

(13) *F_____*?

■ Wir nehmen den (14) *F_____* nach Menorca. Wir haben eine All-inclusive-Reise

in einer Anlage mit großem (15) *S_____* (16) *geb_____*. Ich finde

es einfach (17) *e_____*, wenn ich (18) *m_____* mal nicht um das Essen

und um die Kinder *k_____* muss.

Lernwörter

der Ausflug, ¨e	dahin (kommen)	der Flieger, -	in den Urlaub fahren
sich kümmern (um)	das Internet (Sg)	flexibel	verbringen
der Swimmingpool, -s	entfernt	das Appartement, -s	
dieses Jahr	entspannend	die Sehenswürdigkeit, -en	

G2 Verkehrsmittel

Ordnen Sie zu. Ergänzen Sie den bestimmten Artikel.

> U-Bahn • Zug • Auto • Hubschrauber • Reisebus •
> Lastwagen (CH: Camion) • Moped • Bus • Schiff • Fähre • Flugzeug •
> Fahrrad • Boot • S-Bahn • Straßenbahn • Motorrad • Taxi

Was bewegt sich ...

1. auf der Straße?
der Lastwagen

_____

_____

_____

_____

_____

_____

2. auf Schienen?
_____

_____

3. auf dem Wasser?
_____

_____

_____

4. in der Luft?
_____

_____

G3 Du musst am Hauptbahnhof einsteigen

Ergänzen Sie die fehlenden Vokale.

1. Ich muss am Hauptbahnhof einsteigen. Der Schn__llz__g hält nicht am Ostbahnhof.

2. Du brauchst kein Taxi rufen. Da drüben ist ein T__x__st__nd.

3. Die H__lt__st__ll__ ist verlegt worden. Der Bus hält jetzt an der Putzbrunner Straße.

4. __nds__t__n, bitte alle(s) aussteigen. Dieser Zug endet hier.

5. An der nächsten St__t__n müssen wir in die U5 umsteigen.

6. Entschuldigung, wie viel V__rsp__t__ng hat der Zug? Ich habe die D__rchs__g

   nicht verstanden.

Lernwörter			
das Verkehrsmittel, -	das Moped, -s	das Boot, -e	der Hubschrauber, -
der Reisebus, -se	die Endstation, -en	die Durchsage, -n	der Hauptbahnhof, ¨e

G4 Können Sie mir helfen?

Ordnen Sie zu. Oft sind mehrere Antworten möglich.

> links • Empfang • das weiß ich nicht • rechts • ~~wo liegt~~ • ich suche •
> ich bin nicht von hier • wo ist • immer geradeaus • komme ich • gibt es •
> ich kenne mich in der Gegend hier nicht aus • ich bin fremd hier • brauche ich

1. Entschuldigung, *wo liegt* / _____ / _____ das Deutsche Museum?

2. Wie _____ zum Reichstag?

3. _____ einen Bus zum Tierpark?

4. Wie lange _____ zu Fuß zum Bahnhof?

5. Fahren Sie _____ / _____ / _____ .

6. Es tut mir leid, _____ .

   Das tut mir leid, _____ .

   Tut mir leid, _____ .

   Sorry, _____ .

7. Mist, ich habe mich verfahren und mein Navi hat keinen _____ .

Lernwörter

liegen   der Empfang, ⁼e   sich auskennen   ich bin fremd
die Gegend, -en

G5 In der Touristeninformation

Ergänzen Sie. Achten Sie auf die korrekte Form.

> Stadtplan • Eintrittskarte • Warteschlange • Veranstaltung • Ausstellung •
> Sehenswürdigkeit • Prospekt • sehenswert • Reiseführer • Galerie • Führung •
> Information • Denkmal • Ticket • geschehen • reservieren • ausschließlich •
> besichtigen • online

● Guten Tag, hätten Sie bitte einen (1) *Stadtplan* von München?

■ Ja gerne, bitte schön. Kann ich Ihnen sonst noch helfen?

● Ja. Sind auf dem Plan die (2) S_____ eingezeichnet?

■ Ja, schauen Sie, alle wichtigen (3) D_____ und Plätze sind mit einem

blauen Punkt markiert. Ich gebe Ihnen noch diesen (4) P_____, in dem

finden Sie Informationen zu aktuellen (5) V_____ und

(6) A_____ in Museen und (7) G_____.

● Danke. Ich habe dann noch eine Frage. In meinem (8) R_____

steht, dass das Schloss Hohenschwangau und das Schloss Neuschwanstein sehr

(9) s_____ sind. Kann ich bei Ihnen (10) E_____

dafür kaufen? Ich möchte nicht so lange in der (11) W_____ stehen.

■ Wir verkaufen hier keine Eintrittskarten und die Schlösser können leider nur im Rahmen

einer (12) F_____ (13) b_____ werden. (14) T_____ können

Sie (15) a_____ vor Ort am Ticketcenter in Hohenschwangau kaufen.

Es ist aber möglich, Eintrittskarten (16) o_____ zu (17) r_____.

● Vielen Dank für die (18) I_____.

■ Gern (19) g_____.

Lernwörter

die Touristen-information, -en	besichtigen	sehenswert	die Sehenswürdigkeit, -en
der Reiseführer, -	die Führung, -en	online	das Denkmal, ¨er
gern geschehen	die Ausstellung, -en	die Galerie, -n	die Veranstaltung, -en
ausschließlich			

G6 Übernachtungsmöglichkeiten

Ergänzen Sie. Achten Sie auf die korrekte Form.

> Zelt • Übernachtung • Motel • unterbringen • ~~Pension~~ •
> Jugendherberge • Fremdenzimmer • Campingplatz

1. Eine *Pension* ist ein kleines Hotel, _____ liegen immer an Fernstraßen.

2. Bei der Radtour übernachten wir in günstigen _____ in

   Gasthöfen.

3. Kennst du einen guten _____ auf Korsika? Wir haben uns ein

   großes _____ gekauft und die Kinder wollen dieses Jahr unbedingt zelten gehen.

4. Die Schüler sind in einer _____ _____.

5. Was kostet bei Ihnen eine _____ mit Frühstück?

G7 Können Sie mir ein preiswertes Hotel empfehlen?

Ergänzen Sie. Achten Sie auf die korrekte Form.

> Frühstücksbuffet • reservieren • Halbpension • Einzelzimmer • ~~preiswert~~ •
> günstig • Doppelzimmer • Vollpension • inklusive

● Können Sie mir ein (1) *preiswertes* Hotel empfehlen?

■ Ja, das Hotel „Zum Schwan" wäre (2) *g*_____. Möchten Sie ein

   (3) *E*_____?

● Nein, ein Doppelzimmer.

■ Das (4) *D*_____ kostet dort (5) *i*_____

   (6) *F*_____ 95 Euro, mit Halbpension 125 Euro und mit

   (7) *V*_____ 165 Euro.

● Wir möchten gerne (8) *H*_____. Könnten Sie das Zimmer gleich

   für uns (9) *r*_____?

Lernwörter

das Einzelzimmer, -	das Doppelzimmer, -	das Zelt, -e	der Campingplatz, ¨e
das Fremdenzimmer, -	die Vollpension (Sg)	die Halbpension (Sg)	inklusive
preiswert	günstig	das Frühstücksbufett	

G8 Im Hotel

Ergänzen Sie.

> Swimmingpool • Vollpension • Empfangshalle • Hotelbar • Zimmerservice •
> Daten (Pl) • ausfüllen • Lift • Frühstücksraum • Speisesaal • Gericht •
> Aussichtsterrasse • ~~Rezeption~~ • Gast

1. ● Wo finde ich bitte die _Rezeption_?

   ■ In der E_____ gleich rechts.

2. F_____ Sie bitte den Meldezettel _a____. Geben Sie auch die D_____ der

   Kinder an.

3. ● Wo ist denn bitte der L_____? Mein Koffer ist so schwer.

   ■ Selbstverständlich trägt Ihnen unser Page den Koffer aufs Zimmer, bei uns ist

   der G_____ noch König!

4. Bestellst du bitte beim Z_____ ein kleines G_____?

5. Das Frühstück wird von 7 bis 11 Uhr im F_____ serviert.

6. Wenn Sie V_____ gebucht haben, können Sie im S_____

   Ihr Mittagessen einnehmen.

7. Das Hotel hat eine A_____, von der man die Berge sehen

   kann, einen großen S_____ und eine H_____.

G9 Ich habe ein Zimmer reserviert

Was ist richtig? Setzen Sie Verben in die korrekte Form.

1. Ich habe ein Zimmer (reservieren/bestellen) _reserviert_.

2. Können Sie mich bitte morgen um sechs Uhr (klingeln/wecken) _____?

3. Vor der Zimmertür hängt ein Schild „Bitte nicht (wecken/stören) _____".

4. Ich glaube, (das Zimmermädchen / der Nachtportier) _____

   möchte das Zimmer putzen.

Lernwörter

das Gericht, -e	der Frühstücksraum, ¨e	die Daten (Pl)	der Zimmerservice, -es
die Rezeption, -en	die Empfangshalle, -n	einnehmen	der Speisesaal, -säle
die Vollpension, -en	der Nachtportier, -s	das Schild, -er	das Zimmermädchen, -

G10 Wie komme ich zu dir?

Ergänzen Sie. Achten Sie auf die korrekte Form.

> zwar • abholen • aussteigen • kriegen • erst • einsteigen •
> umsteigen • Richtung • sich beeilen • verpassen • Haltstelle •
> Verkehrsmittel • Verbindung • klappen

● Wie komme ich mit öffentlichen (1) *Verkehrsmitteln* vom Königsplatz zu dir?

■ Du nimmst am besten die U-Bahn und (2) _____ die U2 (3) _____

  Messestadt Ost. An der (4) _____ Innsbrucker Ring musst du in

  die U5 Richtung Neuperlach Süd (5) _____. Dort musst du dann

  (6) _____ und den Bus Nr. 55 Richtung Waldperlach nehmen. Wenn

  du (7) _____ _____, hast du gleich eine (8) _____. Du

  musst aber schnell laufen, sonst (9) _____ du den Bus nicht. (10) _____

  aber nicht in den Bus 199 _____, der braucht länger. Ruf an, wenn was nicht

  (11) _____.

● Hallo Bärbel, du, ich hab den Bus (12) _____. Der nächste fährt (13) _____

  in zwanzig Minuten.

■ Ich (14) _____ dich ____. Bis gleich.

G11 Berufe: Tourismus, Hotel und Verkehr

Ergänzen Sie die Vokale.

1. die P i l o t i n
2. die St_w_rd_ss / die Fl_gb_gl___t_r_n
3. der B__sf__hr__r
4. der Z__gf__hr__r
5. der Z__gb__gl___t_r
6. der K__lln__r
7. der K__ch
8. das Z_mm__rm__dch__n
9. der P__rt___r
10. der M__tr__s_
11. der K__p_t_n
12. die R___s_l___t_r_n

Lernwörter

zwar	sich beeilen	verpassen	kriegen
klappen	das Verkehrsmittel, -	die Verbindung, -en	der Fahrer, -
der Reiseleiter, -			

G12 Am Fahrkartenschalter

Ergänzen Sie. Achten Sie auf die korrekte Form.

> Hauptbahnhof • Verbindung • ~~Hin- und Rückfahrt~~ •
> erste • zweite • Rückfahrt • Reise • Fahrschein •
> machen • Wagen • Fensterplatz • Sitz • reservieren

● Grüß Gott. Ich hätte gerne eine Fahrkarte (1) *Hin- und Rückfahrt* München –

Nürnberg mit dem ICE.

■ (2) _____ oder zweite Klasse?

● (3) _____ Klasse bitte. Ich möchte diesen Freitag um 8 Uhr morgens in Nürnberg

sein. Könnten Sie mir bitte ein (4) _____ raussuchen?

■ Sie könnten den ICE um 6.40 Uhr ab München (5) _____ nehmen.

Sie sind dann um 7.57 Uhr in Nürnberg.

● Ja, das passt wunderbar.

■ Brauchen Sie auch eine Verbindung für die (6) _____?

● Nein, danke, ich weiß noch nicht, wann ich zurückfahre.

■ Möchten Sie einen Sitzplatz (7) _____?

● Ja bitte, für die Hinfahrt. Einen (8) _____ mit Tisch, wenn das geht.

■ Ja, das ist möglich. Das (9) _____ dann 110 Euro plus 4,50 Euro für die einfache

Platzreservierung, zusammen 114,50 Euro. Zahlen Sie mit Karte?

● Ja, mit Kreditkarte.

■ So, hier ist Ihr (10) _____, Hin- und Rückfahrt München – Nürnberg mit

einer Reservierung für Freitag, den 29.4., (11) _____ 9, (12) _____ 22.

Fensterplatz mit Tisch im Großraumwagen, und hier Ihr Zahlungsbeleg.

Angenehme (13) _____.

● Danke.

Lernwörter

der Sitz, -e   der Schalter, -   die Verbindung, -en   der Hauptbahnhof, ¨e

G13 Fahrkarten, Reservierungen ...

Ergänzen Sie. Es gibt einen Lesetrick.

1. Mit diesem Ticket dürfen Sie den ICE nicht benutzen.

    Da müssen Sie noch den (galhcsuZ) *Zuschlag* bezahlen.

2. Sie müssen das Ticket für die U-Bahn noch

    (netrewtne) _____, sonst ist es nicht gültig.

3. Ich möchte nicht im Großraumwagen sitzen. Kann ich einen

    Sitzplatz in einem (lietbA) _____ reservieren?

4. Lass uns in den (negawesiepS) _____ gehen und etwas essen.

G14 Gepäck

Ergänzen Sie. Achten Sie auf die korrekte Form.

> E-Book • einpacken • aufgeben • Verspätung • Fundbüro • liegen lassen •
> ~~Gepäck~~ • Rucksack • Schließfach • Gepäckannahme • Gepäckaufbewahrung •
> transportieren

1. Lass uns das *Gepäck* in ein *Sch*_____ stellen oder bei der

    *G*_____ abgeben. Der Zug hat *V*_____.

2. ● Mist, ich habe meinen *R*_____ im Zug *l*_____ *l*_____!

    ■ Oje, hoffentlich hat ihn jemand im *F*_____ abgegeben.

3. ● Weißt du, wo das *E*_____ ist?

    ■ Ja, das habe ich *e*_____, es ist in der Reisetasche.

4. ● Oma, den schweren Koffer kannst du nicht *t*_____.

    Den bringen wir zur *G*_____.

    ■ Den *g*_____ ich nicht *a*____. Wenn der nicht ankommt, habe ich nichts zum

    Anziehen.

Lernwörter

das Abteil, -e	der Zuschlag, ⸚e	entwerten	liegen lassen
der Speisewagen, -	das Gepäck (Sg)	der Rucksack, ⸚e	aufgeben
einpacken	das E-Book, -s	transportieren	
die Gepäckannahme, -n	die Gepäckaufbewahrung, -en		

G15 Rund ums Bahnfahren

Wie heißen die Wörter?

AUF • ENT • WAG • HALT • GON • SCHLAF • RE • GEN • WA • TOUR

1. kurze Unterbrechung einer Reise oder Fahrt: _Aufenthalt_

2. ein anderes Wort für *Eisenbahnwagen*: _____

3. ein anderes Wort für *zurück*: _____

4. ein Eisenbahnwagen mit Betten: _____

G16 Am Check-in-Schalter

Ergänzen Sie. Achten Sie auf die korrekte Form.

wiegen • Sicherheitskontrolle • Flug • Pass • Gepäck • Handgepäck •
Band • Übergepäckgebühren (Pl) • Bordkarte • Gate • rechtzeitig •
Beginn • Passagier • Boarding

● Guten Morgen, ich habe den (1) _Flug_ nach London um 8.30 Uhr gebucht.

■ Ihren (2) _____ bitte. Danke. Haben Sie (3) _____ zum Aufgeben?

● Ja, diesen Koffer. Diese Tasche hier ist (4) _____.

■ Stellen Sie den Koffer bitte aufs (5) _____. – Der Koffer (6) _____

12 Kilo mehr als das zulässige Freigepäck, da müssen Sie leider

(7) _____ entrichten.

■ Hier, Ihre (8) _____. Das (9) _____ beginnt in 40 Minuten am

(10) _____ A12, Terminal 2. Gehen Sie bitte (11) _____ zur

(12) _____. Wegen des (13) _____ der

Sommerferien werden viele (14) _____ erwartet.

● Danke schön.

■ Einen angenehmen Flug!

Lernwörter

der Schlafwagen, -	rechtzeitig	das Gepäck (Sg)	aufgeben
wiegen	der Passagier, -e	der Beginn (Sg)	

G17 Abfliegen und Ankunft

Wie heißt das passende Verb bzw. das passende Nomen?

1. eine _Reise_ machen → _verreisen_

2. der _Abflug_ verspätet sich → später _____

3. die_____verspätet sich → später _ankommen_

4. die _Landung_ ist nicht möglich → man kann nicht _____

5. eine_____haben → sich _verspäten_

6. eine_____machen → etwas _buchen_

7. der _____ ist pünktlich → pünktlich _starten_

8. einen _Plan_ machen → etwas _____

> **Tipp** ....
>
> **Substantive mit der Endung -ung**
> Substantive mit der Endung **-ung** sind feminin: **die** Bera**tung**, **die** Reservie**rung**,
> **die** Verspät**ung**, **die** Land**ung** ...
> ....

G18 Durchsagen am Flughafen und im Flugzeug

Schreiben Sie die Sätze.

1. _Letzter Aufruf für Passagier Hans Will, gebucht auf Flug 212 nach Wien._

   letzteraufruffürpassagierhanswill,gebuchtaufflug212nachwien

2. _____

   ihrlufthansaflug342nachmünchenistzumeinsteigenbereit

3. _____

   bittelegensieihresicherheitsgurtean

4. _____

   unserevoraussichtlicheflugzeitbeträgtzweistunden

Lernwörter

verreisen	bereit	planen	der Plan, ¨e
der Start, -s	die Ankunft, ¨e	abfliegen	landen
voraussichtlich	der Sicherheitsgurt, -e		

G19 Mobilität

Ergänzen Sie. Achten Sie auf die korrekte Form.

abholen • stürzen • laufen • ~~Kurve~~ • kommen • fahren • anschnallen •
Leihwagen • halten • Gurt • Mountainbike • nirgendwo • Parkplatz

1. Er fuhr zu schnell in die _Kurve_ und _____ mit dem neuen

   _____ .

2. Wie David zur Schule _____ ? Früher ist er _____ , jetzt

   _____ er mit dem Roller.

3. Kannst du dich selber _____ , oder soll ich dir mit dem Gurt helfen?

4. Du musst dir einen _____ nehmen, zu Fuß kommst du dort

   _____ hin.

5. Kannst du bitte am nächsten Rastplatz _____ ?

6. Ich weiß nicht, wo ich parken soll, alle _____ sind belegt!

7. Soll ich dich vom Flughafen _____ oder nimmst du dir ein Taxi?

Schild • Fußgängerzone • Gehweg • Kreuzung • bremsen • überholen •
rechtzeitig • Werkstatt • Strafzettel • schieben • stehen bleiben

8. Ich halte nach der _____ und lass dich dort aussteigen.

9. Den Lastwagen kann ich nicht _____ , hier ist Überholverbot.

10. Er _____ gerade noch _____ , bevor die Ampel rot wurde.

11. Den Wagen muss ich vor dem Urlaub noch in die _____ bringen.

12. Der Lieferwagen parkte auf dem _____ und bekam einen _____ .

13. Das ist eine _____ , da musst du dein Fahrrad _____ .

14. Hey! Bei dem Stopp-_____ musst du _____ _____ und schauen!

Lernwörter

anschnallen	der Gurt, -e	stürzen	abholen
der Parkplatz, ¨e	überholen	bremsen	rechtzeitig
die Werkstatt, ¨en	schieben	das Schild, -er	stehen bleiben
das Mountainbike, -s	nirgendwo	der Gehweg, -e	

G20 Verkehrsbedingungen

Ergänzen Sie. Achten Sie auf die korrekte Form.

Nebenstraße • Stau • Verkehr • Ausfahrt • abbiegen • blitzen •
Einbahnstraße • gesperrt • Umleitung • Geschwindigkeitsbeschränkung

1. Ich kann hier schon wieder nicht *abbiegen*, das ist eine *E*_____.

2. Wieso ist denn heute so viel *V*_____?

3. Die Autobahn ist wegen eines Unfalls *g*_____.

4. An dieser Kreuzung gibt es immer *St*____.

5. Wenn du die *U*_____ nach Ulm nimmst, fährst du auf

   *N*_____.

6. Wir fahren bei der nächsten *A*_____ von der Autobahn runter.

7. Pass auf, auf der B10 Richtung Stuttgart gibt es

   *G*_____

   und es wird an vielen Stellen *geb*_____.

Geschwindigkeit • Strafe • Verkehrskontrolle • rufen • stoppen • Unfall •
Ampel • volltanken • sperren • Tankstelle

8. Der *U*_____ ist doch passiert, weil das Taxi bei Rot über die *A*_____ gefahren

   ist. Komm, wir *r*_____ die Polizei.

9. Kannst du an der nächsten *T*_____ noch *v*_____?

10. *V*_____. Ihren Führerschein und den Fahrzeugschein bitte.

11. Die Straße ist wegen einer Demonstration *gesp*_____.

12. Ich musste *St*_____ zahlen, weil der TÜV zu lange abgelaufen war.

13. Die Polizei *st*_____ den Porsche wegen überhöhter *G*_____.

Lernwörter

die Ausfahrt, -en	der Verkehr (Sg)	der Stau, -s	die Einbahnstraße, -n
die Nebenstraße, -n	die Umleitung, -en	gesperrt	die Verkehrskontrolle, -n
stoppen	abbiegen	die Strafe, -n	die Geschwindigkeit, -en
die Tankstelle, -n	volltanken	die Baustelle, -n	die Geschwindigkeits-beschränkung, -en

G21 Ein Visum beantragen

Notieren Sie die richtige Reihenfolge.

___ einreisen

___ ausreisen

___ das Visum wird ausgestellt / das Visum bekommen

___ das Visum verlängern lassen

___ das Visum läuft ab

_1_ zur Botschaft gehen

___ das Visum beantragen

G22 Das Schengener Abkommen

Ergänzen Sie. Achten Sie auf die korrekte Form.

> Drogenhändler • Verbrecher • verhindern • Fahrzeug • Grenze • Ware •
> ~~ermöglichen~~ • Staat • verdächtig

Das Schengener Abkommen

Das Schengener Abkommen (1) _ermöglicht_, dass sich Menschen und (2) _____

leichter in den europäischen Ländern bewegen können. Statt zwischen den

(3) _____ wird nun strenger an den Außengrenzen der Europäischen

Union kontrolliert. An den früheren (4) _____ werden nur noch

(5) _____ Personen und (6) _____ kontrolliert, um zu

(7) _____, dass z. B. (8) _____, (9) _____

_____ oder Terroristen die Grenzen passieren.

Lernwörter			
ausstellen	verlängern	beantragen	verhindern
der Staat, -en	verdächtig	streng	das Fahrzeug, -e
die Person, -en	der Verbrecher, -	der Händler, -	das Visum, Visa
die Droge, -n	die Europäische Union (Sg)		

G23 Beim Zoll und an der Grenze

Ergänzen Sie. Achten Sie auf die korrekte Form.

> Stempel • Ware • Ausland • Zoll bezahlen • Ausweis • gültig • ~~einführen~~ •
> Zollbeamte • Einreisegenehmigung

1. Er wollte zu viele Zigaretten aus Tschechien *einführen* und musste

   _____ _____.

2. Der _____ kontrollierte den Koffer nach illegal eingeführten _____.

3. Mein _____ ist schon seit über einem Jahr abgelaufen.

4. Das Visum ist bis zum 31.12.2019 _____.

5. Bei der Einreise bekam ich einen _____ in meinen Pass.

6. Ich benötige noch eine _____, bevor ich

   kommen kann.

7. Bewirb dich um ein Stipendium, es ist besser, wenn man nicht nur im Inland,

   sondern auch im _____ studiert hat.

> Papiere • Währung • exportieren • ausführen • sich ausweisen •
> Staatsangehörigkeit • Ausländer • Mitbürger

8. Politiker sprechen normalerweise nicht von _____, sondern von

   ausländischen _____ oder Menschen mit Migrationshintergrund.

9. Personenkontrolle. Können Sie _____ _____?

10. Wie viel Bargeld kann ich von Deutschland in ein anderes Land _____?

11. Deutschland _____ mehr Waren als es Waren importiert.

12. Eine gemeinsame _____ erleichtert den Handel.

13. ● Welche _____ haben Sie?

    ■ Ich bin Rumäne. Hier sind meine _____.

Lernwörter

einführen	das Ausland (Sg)	der Zoll, ⸚e	der Beamte, -n
der Bürger, -	ausführen	gültig	der Ausweis, -e
der Stempel, -	die Einreisegenehmigung, -en	die Papiere (Pl)	benötigen

---

H Essen und Trinken

H1 Was isst Ihre Familie?

Ergänzen Sie.

> Müsli • Pizza • Sandwich • Wurst • Honig • Nachmittag • Nudeln •
> Kaffee • ~~Mahlzeiten~~ • Frühstück (CH: Morgenessen) • Gemüse • Mittagessen •
> Kakao • vormittags • Kantine • Obst • Abendessen (CH: Nachtessen) • Soße

„Meistens gibt es bei uns fünf (1) _Mahlzeiten_. Zum (2) _____ trinken

mein Mann und ich (3) _____, die Kinder trinken (4) _____ und wir essen

oft (5) _____ mit Obst oder Toastbrot mit Butter, Marmelade oder (6) _____.

(7) _____ essen die Kinder in der Schule ihr Pausenbrot. Zum

(8) _____ kommen die Kinder meistens nach Hause und es gibt dann oft

(9) _____ mit (10) _____ oder Fleisch mit (11) _____. Wenn sie Nach-

mittagsunterricht haben, kaufen sie sich im Supermarkt ein (12) _____ oder

auch mal beim Italiener eine (13) _____ zum Mitnehmen. Mein Mann isst mittags

immer in der (14) _____. Am (15) _____ essen die Kinder dann oft

noch (16) _____ und ab und zu auch mal Süßigkeiten. Zum (17) _____ gibt es

meistens Brot mit Käse oder (18) _____ und Salat."

H2 In der Schule

Wie heißen die Wörter? Es gibt einen Lesetrick.

1. Die Kinder dürfen im Unterricht trinken, wenn sie (gitsrud) _durstig_ sind.

2. Damit die Kinder sich in der Schule gesund (nerhänre) _____, darf der
   (retsiemsuaH) _____ am (ksoiK) _____ keine Süßigkeiten verkaufen.

3. Er hat sein Pausenbrot nicht gegessen, weil er nicht (girgnuh) _____ war.

Lernwörter			
der Honig (Sg)	das Mü(e)sli, -s	der Kakao, -s	die Mahlzeit, -en
(sich) ernähren	der Kiosk, -e	der Unterricht (Sg)	die Kantine, -n
das Sandwich, -(e)s	hungrig	durstig	der Hausmeister, -
die Pizza, -s/Pizzen	die Soße, -n		

H3 Gekocht oder gebraten?

Ergänzen Sie die Vokale.

- Herr Ober, könnten Sie mir bitte die (1) Forellengerichte erklären?

- Ja, gerne. Forelle „blau" ist (2) g__k__cht__ Forelle. Die Forelle im Salatmantel wird im Ofen (3) g__b__ck__n. Forelle „Müllerin" ist in Butter (4) g__br__t__n__ Forelle, die mit Zitrone und Petersilie serviert wird. Forelle mediterran ist eine (5) g__gr__llt__ Forelle mit Thymian, Basilikum und (6) Kn__bl____ch.

- Dann nehme ich die Forelle (7) v__m Gr__ll mit Salat und Rosmarinkartoffeln.

H4 Portionen und Verpackungen

Ergänzen Sie.

Stück • Tasse • Becher • Kasten • Kiste • Paket • Päckchen •
Schluck • Portion • Schachtel • Packung • Flasche • Glas •
Dose (D/CH: Büchse) • Tüte • Schale

1. eine *Portion* Pommes frites

2. ein _____ Sachertorte/Butter

3. eine _____ Streichhölzer
(A/CH: Zündhölzer; A auch: Zünder)

4. eine _____ Erdbeeren

5. ein _____ Kaugummi

6. ein _____ Waschpulver

7. eine _____ Milch

8. ein _____ / eine _____ Bier

9. eine _____ Wein

10. ein _____ Gurken

11. eine _____ Kaffee

12. einen _____ trinken

13. eine _____ Tomaten

14. ein _____ Sahne
(A: Schlagobers, CH: Rahm)

15. eine _____ Chips

Lernwörter

gebacken	gegrillt	gekocht	gebraten
der Knoblauch (Sg)	die Beilage, -n	vom Grill	das Gericht, -e
das Päckchen, -	die Schachtel, -n	die Dose, -n	das Stück, -e
die Portion, -en	der Schluck, -e	der Kasten, ¨	die Torte, -n

H5 Was möchten Sie?

Ergänzen Sie. Achten Sie auf die korrekte Form.

scharf • Zucker • da drüben • Hauptspeise • Beilage • Senf •
Ketchup • Öl • nachschenken

1. ● Mayonnaise oder _Ketchup_ zu den Pommes?

   ■ Ketchup, bitte.

2. ● Möchten Sie als _____ Reis oder Bratkartoffeln?

   ■ Reis bitte.

3. ● Möchten Sie als _____ Schweinebraten oder Backfisch?

   ■ Den Schweinebraten, bitte.

4. ● Bringen Sie mir bitte noch Essig und ____?

   ■ Ja, sofort.

5. ● Süßen oder _____ Senf zum Leberkäse?

   ■ Süßen _____, bitte.

6. ● Ich hätte gerne _____.

   ■ Der steht ____ _____.

7. ● Darf ich Ihnen _____?

   ■ Ja, gerne.

Tipp ....

Nomen ohne Artikel
Bei unbestimmten Mengen steht das Nomen ohne Artikel (= Nullartikel):
Ich trinke **Tee** mit **Zucker**.
Ich esse **Pommes** mit **Ketchup**.
Können Sie mir **Salz** bringen?

....

Lernwörter			
die Beilage, -n	da drüben	das Ketchup, -s	die Mayonnaise, -n
scharf	das Hauptgericht, -e		

H6 Auswärts essen

Ordnen Sie zu.

1. Wollen wir heute essen gehen? In Wertach gibt es einen guten Italiener.

2. Wo gibt es hier in der Nähe eine nette Kneipe (A: ein Beisel)?

3. Kommt im Biergarten keine Bedienung?

4. Können wir noch etwas Warmes bestellen?

5. Muss ich Service und Bedienung extra bezahlen?

6. Ist der Platz noch frei?

7. Zahlen Sie zusammen oder getrennt?

8. Haben Sie schon gewählt?

a) Ja. Als Vorspeise nehme ich den Meeresfrüchtesalat und als Hauptspeise die Nudeln mit Pesto.

b) Nein, hier ist Selbstbedienung.

c) Zusammen.

d) Ja, aber lass uns einen Tisch reservieren, das letzte Mal haben wir keinen Platz bekommen.

e) Nein, die Küche ist leider schon geschlossen.

f) Nein, das ist inklusive. Du bezahlst nur, was auf der Karte steht, und es ist üblich, ungefähr 10 % Trinkgeld zu geben.

g) Gleich hier um die Ecke ist eine Kneipe mit leckeren österreichischen Spezialitäten.

h) Nein, tut mir leid, der ist besetzt.

1.	2.	3.	4.	5.	6.	7.	8.
d)							

Lernwörter

in der Nähe	die Spezialität, -en	die Kneipe, -n	ausgehen
die Bedienung, -en	die Selbstbedienung (Sg)	inklusive	lecker
zusammen	getrennt	das Trinkgeld, -er	der Biergarten, ̈
üblich	die Vorspeise, -n	die Hauptspeise, -n	auswählen

H7 Die Milch ist sauer!

Ergänzen Sie.

> braten • zäh • warm • bitter • ~~sauer~~ • trocken • kühl • weich • kalt • roh

1. Igitt! Die Milch ist ja _sauer_!

2. Das Fleisch ist noch _____. Das muss noch mal in den Ofen.

3. Die Brötchen schmecken nicht, sie sind schon ganz _____ und nicht knusprig.

4. Dieses Bier mag ich nicht, es ist mir zu _____.

5. Der Weißwein ist nicht _____.

6. Die Suppe ist _____, können Sie sie mir bitte _____ machen?

7. Der Kuchen von meiner Schwiegermutter ist immer _____.

8. Das Fleisch ist ja total _____. Gulasch kannst du nicht in der Pfanne _____,

   das musst du kochen!

> mild • haltbar bis • gewürzt • biologisch • vegetarisch • faul •
> fett • salzig • hart

9. Die Pfirsiche schmecken nicht, sie sind noch ganz _____.

10. Nein, den Schinken möchte ich nicht, der ist mir zu _____.

11. Nimm einen anderen Beutel. In dem hier ist schon eine Orange _____.

12. Das kannst du nicht mehr essen. Da steht _____ _____ 12.11.

    Das war letzten Monat!

13. Dieser Schinken ist nicht _____. Er ist ganz _____.

14. Die Sauce schmeckt nicht. Sie ist nicht gut _____.

15. In der Brühe ist kein Fleisch, sie ist rein _____.

16. Ich kaufe nur noch _____ Hähnchenfleisch, obwohl es sehr

    viel teurer ist.

Lernwörter			
fett	bitter	kühl	roh
zäh	mild	faul	haltbar bis
gewürzt	biologisch	vegetarisch	

H8 In der Gemüsesuppe sind ...

Streichen Sie die Fehler.

1. In der Gemüsesuppe sind Karotten (D auch: Möhren; CH: Rüebli), Kartoffeln (A: Erdäpfel), Trauben, Brokkoli, Bohnen (A: Fisolen) und Erbsen.

2. Im gemischten Salat sind Salat, Gurken, Tomaten (A: Paradeiser), Paprika (CH: Peperoni), Pilze (A: Schwammerl) und Aprikosen (A: Marillen).

3. Im Obstsalat sind Äpfel, Erdbeeren, Orangen, Birnen, Bananen und Zwiebeln.

H9 Verschiedene Gaststätten

Ergänzen Sie. Achten Sie auf die korrekte Form.

Lokal • ~~Restaurant~~ • empfehlen • Raststätte • Café • Bar • Gaststätte •
Menü • Imbiss-Stand • Lust haben • Gasthaus • Mensa

1. In diesem französischen *Restaurant* gibt es ausgezeichnete _____.

2. Komm, wir setzen uns an die *B*____, bis ein Platz an einem Tisch frei ist.

3. ● Gehen wir nach der Vorlesung ins *C*_____ „Tortenhimmel"?

   ■ Ich möchte lieber in die *M*_____.

4. In Gotzing gibt es ein bayerisches *G*_____, in dem man sehr lecker essen kann.

5. Lass uns an der nächsten *R*_____ anhalten, wir brauchen noch eine

   Vignette, damit wir in Österreich auf der Autobahn fahren dürfen.

6. Können Sie mir ein *L*_____ *e*_____, wo man mittagessen kann?

7. Der Fußballverein trifft sich zum Stammtisch in der *G*_____

   „Zum alten Wirt".

8. Ich *h*_____ keine *L*____ zu kochen. Ich hole uns was am *I*_____

   beim Metzger.

Lernwörter

das Gasthaus, ¨er	das Lokal, -e	die Gaststätte, -n	die Raststätte, -n
empfehlen	Lust haben	das Menü, -s	der Pilz, -e
die Karotte, -n	die Tomate, -n	die Zwiebel, -n	die Aprikose, -n
die Erdbeere, -n			

H10 Alkoholische und nichtalkoholische Getränke

Ergänzen Sie. Achten Sie auf die korrekte Form.

Wein • Limonade • Jugendliche • Mineralwasser • Weinkarte • beschwipst • ~~Alkohol~~ • Bier • Schnaps • betrunken • reichen • Gewürz • Getränk • heißes Getränk • einschenken

1. In Deutschland darf _Alkohol_ an _____ unter 16 Jahren nicht verkauft werden.

2. Auf dem Oktoberfest in München sind viele Besucher sehr _____.

3. In unserem griechischen Lokal bringt der Kellner (A: Ober; CH: Serviceangestellte) nach dem Essen immer einen _____.

4. Im Biergarten gibt es keinen _____, dort trinkt man Bier.

5. Kannst du mir bitte noch ein bisschen Wein _____?

6. Können Sie mir bitte die _____ bringen?

7. Wenn du auf dem Münchner Oktoberfest ein _____ bestellst, bekommst du eine Mass, das ist ein Liter.

8. _____ du mir bitte das Brot? Ich bin von dem einen Glas Sekt schon _____.

9. Probier doch mal ein Radler, das ist Bier mit _____.

10. ● Mir ist kalt. Ich möchte irgendein _____ _____.

    ■ Nimm doch einen Glühwein, das ist warmer Wein mit _____.

11. Hast du die _____ schon kalt gestellt?

12. In Deutschland trinkt man oft _____ mit Kohlensäure.

Tipp ....

Alkoholische Getränke: Artikel _der_
Alkoholische Getränke haben meistens den Artikel _der_: der Wein, der Sekt, der Schnaps ... aber: **das** Bier

....

Lernwörter

das Getränk, -e	heißes Getränk	der Wein, -e	die Weinkarte, -n
die Limonade, -n	das Gewürz, -e	reichen	einschenken
betrunken	der Jugendliche, -n		

H11 Süßigkeiten und Nachspeisen

Finden Sie sechs Wörter und ergänzen Sie den bestimmten Artikel.

etamr<u>vanillepudding</u>dzfbonboncirschokoladexckefeisxbgdtortedtbkuchenyktfbl

der Vanillepudding _____   _____

_____   _____

_____   _____

H12 Speisen zubereiten

Ergänzen Sie. Achten Sie auf die korrekte Form.

<u>Kräuter</u> • gefroren • Topf • dazugeben • zubereiten •
dazuschütten • nachschütten • rühren • umrühren • tiefgekühlt •
gekühlt lagern • kochen • einfrieren

1. Die Sauce schmeckt noch nicht. Gib noch etwas Salz, Pfeffer und *Kräuter* dazu.

2. ■ Weißt du, wie man Risotto _____ ?

   ● Ja. Zuerst machst du etwas Olivenöl in einem _____ heiß. Dann _____ du

   den Reis _____ und _____ ein bisschen. Anschließend _____

   du Brühe _____ . Während der Reis _____ , musst du die ganze Zeit den

   Reis _____ und immer wieder Brühe _____ .

3. Mousse au Chocolat muss man _____ _____ , sonst schmeckt sie nicht.

4. Du kannst die Erdbeeren _____ . Aus den _____

   Früchten kann man prima Marmelade kochen.

5. Den Fisch kann ich noch nicht grillen, der ist ja noch _____ .

Tipp ....

Wörter verstehen

Viele Wörter der Übungen müssen Sie bei einer Prüfung auf dem Niveau B1 nicht
anwenden, aber verstehen können. Zum Beispiel: *Kräuter, zubereiten, umrühren,
schütten, kühlen, einfrieren …* Diese Wörter stehen nicht in den Lernwörterkästen.

....

Lernwörter

die Nachspeise, -n   das Bonbon, -s   die Torte, -n

H13 Lebensmittel, Gerichte und Besteck

Was passt nicht?

1. Beilagen: Pommes frites – Nudeln – Reis – ~~Nuss~~
2. italienische Gerichte: Pizza – Teig – Spaghetti
3. Zutaten für einen Kuchen: Mehl – Bratkartoffeln – Butter – Zucker – Eier
4. Milchprodukte: Scheibe – Sahne – Quark – Joghurt
5. Besteck: Messer – Weinglas – Gabel – Löffel – Kaffeelöffel

H14 Geschirr und Töpfe

Ordnen Sie zu.

> die Pfanne • ~~der Fleischteller~~ • der kleine Teller • der Suppenteller •
> die Salatschüssel • die Untertasse • die Kaffeekanne • die Kaffeetasse •
> der Topf • der Deckel

1. *der Fleischteller* 2. _____ 3. _____

4. _____ 5. _____ 7. _____

6. _____

8. _____ 9. _____ 10. _____

Lernwörter

die Nuss, ̈-e | die Zutat, -en | Spaghetti (Pl) | das Mehl, -e
die Sahne (Sg) | der Joghurt, -s | der Quark (Sg) | das Besteck, -e
der Kaffeelöffel, - | das Weinglas, ̈-er | der kleine Teller, - | die Kaffeekanne, -n
die Pfanne, -n | der Deckel, -

I Geschäfte und Einkaufen

I1 Was brauchen wir noch für die Party?

Ergänzen Sie. Achten Sie auf die korrekte Form.

> mitnehmen • mitbringen • merken • ~~versprechen~~ • Einkaufsliste •
> Wurst • Soße • Metzgerei/Fleischerei (A: die Fleischhauerei) • Bäcker •
> Hackfleisch (A: Faschiertes) • Schwein • Rind • Würstchen • Schinken •
> Feiertag • Tomate • bestimmt • Grillen

■ Was soll ich noch für die Party einkaufen?

● Ich habe Andrea (1) _versprochen_, dass ich eine Lasagne (2) m_____ .

Holst du (3) T_____ für die (4) S_____ und (5) H_____ ?

Und kauf das Fleisch bitte in der (6) M_____ , nicht im Supermarkt.

■ Ja, klar! Hackfleisch vom (7) R_____ oder vom (8) Sch_____ ?

● Gemischt.

■ Soll ich fürs Wochenende auch noch (9) W_____ mitbringen?

● Ja, (10) n_____ m_____ , was du magst. Kauf aber ein bisschen mehr ein, am Montag

ist (11) F_____ .

■ Oh, das hätte ich fast vergessen. Dann kauf ich noch (12) Sch_____ und

(13) W_____ zum (14) G_____ . Brauchen wir auch noch Brot?

● Bring doch Toast oder Weißbrot mit, der (15) B_____ hat am Feiertag

(16) b_____ zu.

■ Jetzt mache ich mir aber eine (17) E_____ , das kann ich mir nicht

alles (18) m_____ .

Lernwörter

der Metzger, -	die Wurst, ⸚e	das Würstchen, -	das Rindfleisch (Sg)
der Schinken, -	bestimmt	merken	das Schweinefleisch (Sg)
mitbringen	mitnehmen	die Soße, -n	die Einkaufsliste, -n
das Hackfleisch (Sg)	die Tomate, -n	der Feiertag, -e	grillen
der Bäcker, -	versprechen		

I2 Geschäfte

Ergänzen Sie. Achten Sie auf die korrekte Form.

> Buchhandlung • Marke • Kaufhaus • Laden • Kiosk •
> ~~nicht ..., sondern~~ • Markt • Drogerie • selten

1. Gemüse kaufe ich meistens *nicht* im Supermarkt, *sondern* auf dem _____.

2. Es gibt in der Innenstadt immer weniger kleine _____, sondern nur noch große

   Geschäfte von bekannten _____.

3. Kauf die Sonnencreme bitte in der _____. In der Apotheke ist sie viel

   teurer.

4. Den Füller habe ich im _____ in der Schreibwarenabteilung gekauft.

5. Frau Mayer bestellt _____ Bücher im Internet, sie geht lieber in eine

   _____.

6. Meistens kaufe ich mir auf dem Weg zur Arbeit eine Zeitung am _____.

I3 Hier gibt es ...

Was passt nicht?

1. In der Bäckerei gibt es
   Toast – ~~Fisch~~ – Weißbrot – Schwarzbrot – Brezeln – Brötchen – Baguette ...

2. Bei meinem Metzger (A: Fleischhauer) kriege ich
   Schweinefleisch – Rindfleisch – Kekse – Kalbfleisch – Lammfleisch – Speck ...

3. Auf dem Markt gibt es einen Verkaufsstand mit Geflügel. Dort findet man
   Putenfleisch (CH: Trutenfleisch) – Hähnchen (A: Hendel / CH: Poulet) – Enten –
   Forellen – Gänse ...

4. Beim Fischhändler bekommt man
   Fischsuppe – Fleisch – Hering – Forelle – Lachs ...

Lernwörter			
das Kaufhaus, ⸚er	der Kiosk, -e	der Metzger, -	die Buchhandlung, -en
der Markt, ⸚e	kriegen	der Speck (Sg)	das Kalbfleisch (Sg)
nicht ..., sondern	selten	das Geflügel (Sg)	die Ente, -n

14 Soll ich noch einkaufen gehen?

Ordnen Sie zu.

1. Soll ich noch einkaufen gehen?

2. Haben Sie das Fahrrad auch in einer anderen Farbe?

3. Kann ich die Bluse umtauschen?

4. Sind Sie an der Reihe?

5. Könnten Sie das Buch bitte als Geschenk einpacken?

6. Von wann bis wann haben Sie geöffnet?

7. Ich suche leichte Wanderschuhe in Größe 40.

a) Nein, die Dame ist vor mir dran.

b) Ja, aber beeil dich. Hier auf dem Dorf schließen die Geschäfte um 18 Uhr.

c) Ja, selbstverständlich. Welches Papier möchten Sie denn?

d) Leider nicht auf Lager, aber ich kann Ihnen das Modell in Blau bestellen, wenn Sie möchten.

e) Nein, leider nicht. Reduzierte Ware ist vom Umtausch ausgeschlossen.

f) Da kann ich Ihnen diese beiden Modelle anbieten.

g) Unsere Öffnungszeiten sind Montag bis Freitag von 9 bis 20 Uhr und samstags von 9 bis 16 Uhr.

1.	2.	3.	4.	5.	6.	7.
b)						

Tipp ....

Ladenöffnungszeiten in Deutschland
Die Öffnungszeiten sind sehr unterschiedlich. In Berlin können Geschäfte werktags rund um die Uhr geöffnet haben, in Bayern nur von 6 bis 20 Uhr. Man findet aber fast überall einen Bäcker, der sonntags morgens frische Brötchen verkauft, und auch einige Blumenläden öffnen sonntags ein paar Stunden. Ausnahmen gibt es auch für Tankstellen.
....

Lernwörter

die Dame, -n	das Lager, -	anbieten	die Bluse, -n
die Öffnungszeit, -en	reduziert	dran sein	an der Reihe sein
sich beeilen	umtauschen	einpacken	geöffnet (von ... bis)

15 Ich kauf mir was

Ergänzen Sie. Achten Sie auf die korrekte Form.

Schlange • Gebrauchsanweisung • Ware • Verkäufer • Selbstbedienung •
Garantie • holen • aufheben • reduziert • bedienen • beachten • Schaufenster

1. Sie müssen die *Gebrauchsanweisung* genau _____.

2. In dem ganzen Laden ist kein _____, der einem helfen kann!

3. Bei uns auf der Post gibt es normalerweise immer eine lange _____.

4. Der Pullover ist nicht _____. Das ist aktuelle _____.

5. Die Rechnung musst du gut _____, du hast zwei Jahre _____.

6. Ich _____ Ihnen den Schuh gerne eine Nummer größer.

7. Haben Sie das Modell im _____ auch in Größe 40?

8. Bitte keine _____. Ich _____ Sie gleich.

Preisschild • Tüte • reklamieren • etwas gegen • Rabatt •
Prozent • günstig • ausgeben

9. Was kostet dieser Mantel? Ich finde kein _____

10. Brauchen Sie eine _____ für den Salat?

11. Mit der Kundenkarte bekommt man drei _____ _____.

12. Das ist mir zu teuer. So viel Geld will ich nicht _____.

13. Ich möchte das Gerät _____. Es ist defekt.

14. Ich muss in der Apotheke noch _____ _____ meine Kopfschmerzen holen.

15. Der Preis ist wirklich _____. Das ist bestimmt ein Sonderangebot.

Lernwörter			
aufheben	ausgeben (für)	bedienen	die (Warte-)Schlange, -n
günstig	das Preisschild, -er	der Verkäufer, -	die Gebrauchsanweisung, -en
reklamieren	das Prozent, -e	das Schaufenster, -	die Selbstbedienung (Sg)
beachten			

16 Tricks im Supermarkt

Ergänzen Sie. Achten Sie auf die korrekte Form. Adjektive sind manchmal im Komparativ.

Kasse (A: Kassa) • je ... desto • Produkt • Tomate • Banane • Ware • Angebot • Eingang • speziell • genauso • komisch • direkt • lecker • frisch • Kunde • Tüte (A: Sackerl) • sich wohlfühlen

Kennen Sie das? Sie gehen in den Supermarkt, um Milch zu kaufen. Wenn Sie an der

(1) _Kasse_ stehen, haben Sie eine ganze (2) _____ voller Sachen gekauft. Der Handel

verwendet viele Tricks, damit wir mehr (3) _____ kaufen, als wir wollten. Tricks sind

beispielsweise:

Riesige Einkaufswagen

Die Einkaufswagen sind sehr groß. Wenige

(4) _____ sehen in den Wagen (5) _____

aus, sodass man gerne noch etwas dazunimmt.

Spiegel und Lampen

Äpfel, (6) _____, Gurken und (7) _____ –

Obst und Gemüse finden Sie meistens (8) _____ am

(9) _____. Alles sieht (10) _____ aus. So soll

man das Gefühl bekommen, dass alle Produkte im Laden

(11) _____ frisch sind. (12) _____ Lampen lassen Obst und

Gemüse (13) _____ aussehen. Oft hängen über dem Obst und Gemüse auch

Spiegel, sodass das (14) _____ größer wirkt. Damit der (15) _____

(16) _____ auch in der hintersten Ecke (A: im hintersten Eck) des Ladens

_____, wird ebenfalls mit Licht gearbeitet. Denn (17) ____ wohler sich ein

Kunde fühlt, _____ länger hält er sich im Supermarkt auf und kauft dann mehr.

---

sogar • Regal • Händler • Höhe • sogenannte • günstig • Sonderangebot •
auffallen • vergleichen • preiswert • Schild • Zigarette • häufig • hoch •
aufpassen • extra • Vorsicht

Was steht wo?

Teure Markenware steht im (18) _____ in

(19) _____ der Augen. Darüber und darunter stehen

die (20) _____ Produkte. Dass man vor

der Supermarktkasse meistens warten muss, nutzen die

(21) _____ aus. (22) _____ für Kinder gibt es

dort Süßigkeiten. Aber auch für Erwachsene gibt es dort (23) _____

Impulsware wie Süßigkeiten, Alkohol, Tabak und (24) _____.

Auffällige Schilder

Ware, die (25) _____, verkauft sich besser.

Aber (26) _____ Sie _____. Nicht unter jedem

(27) _____, auf dem „Aktion" steht, gibt es ein

echtes (28) _____. Oft ist die

Ware nicht (29) _____, sondern sie

hat sogar einen (30) _____ Preis.

Großpackungen

Ein (31) _____ Trick ist, Waren in großen Packungen

zu verkaufen. Doch (32) _____: Oft hat die Ware in

der normalen Verpackung denselben Preis oder sie ist

(33) _____ billiger. (34) _____ Sie deshalb

immer die Preise.

Lernwörter (zu I6)

der Experte, -n
die Kasse, -n
der Eingang, ⸚e
die Vorsicht (Sg)
der Händler, -
aufpassen
sogar

der Kunde, -n
die Banane, -n
speziell
je ... desto
die Zigarette, -n
preiswert
vergleichen

komisch
direkt
lecker
günstig
der Tabak (Sg)
hoch
häufig

das Produkt, -e
frisch
sich wohlfühlen
die Höhe, -n
auffallen
das Schild, -er

I7 Bezahlen

Ergänzen Sie. Achten Sie auf die korrekte Form

Münze • Kreditkarte • Überweisung • Gebühr • Scheck • Banknote • bar •
Bargeld • Franken • Geldschein • Geldbeutel • leihen • Kleingeld • Währung

1. Ich habe meinen *Geldbeutel* zu Hause liegen gelassen. Kannst du mir bis morgen

   20 Euro _____?

2. So ein Mist! Der Automat nimmt den _____ nicht. Kannst du mir

   wechseln?

3. Er warf eine _____ in den Brunnen. Das bringt angeblich Glück.

4. Ich habe nicht genug _____ dabei. Kann ich auch per _____ bezahlen?

5. Die _____ der Schweiz heißt Franken. 100 Rappen sind ein _____.

6. Es gibt keine 300-Euro-_____.

7. ● Kann ich mit _____ bezahlen?

   ■ Nein, leider nur _____.

8. _____ am Serviceterminal kosten keine _____.

9. Hast du _____ für den Fahrkartenautomaten?

18 Preisangaben

Ergänzen Sie das Gegenteil. (Es gibt einen Lesetrick.)

1. Die Gebühren steigen. ⟷ Die Gebühren (neknis) *sinken*.

2. Die Kosten sind hoch. ⟷ Die Kosten sind (girdein) _____.

3. Das ist teuer. ⟷ Das ist (gitsnüg) _____.

4. Das kostet etwas. ⟷ Das ist (sitarg) _____.

Lernwörter			
die Münze, -n	der Franken, -	die Banknote, -n	der Geldbeutel, -
leihen	das Bargeld (Sg)	der Beitrag, ¨e	gratis
steigen	sinken	hoch	tief
günstig			

19 Kleidung, Wäsche und Schuhe

Unterstreichen Sie das richtige Wort oder die richtigen Wörter.

1. Meine Kinder müssen im Haushalt mithelfen: Sie müssen die *Wäsche* / *Bekleidung* aufhängen.

2. Die Angestellten der Fluggesellschaft tragen alle *eine Uniform / einen Anzug*.

3. Er trägt nur *Strumpfhosen / Jeans*, er hat gar keine anderen Hosen.

4. Sie trägt gerne rote *Unterwäsche / Socken* aus Seide.

5. Bei dem schlechten Wetter wäre *ein Bikini / ein Regenmantel* praktisch.

6. Hast du schon *die Badetücher / die Mäntel*, *deine Badehose / deine Mütze* und *meinen Bikini / meine Bluse* für den Strand eingepackt?

7. Dort liegt bestimmt noch Schnee. Nimm lieber ein Paar *Turnschuhe / Stiefel* mit.

8. Heute ist es sehr sonnig, setz lieber einen *Hut / Strumpf* auf, sonst kriegst du noch einen Sonnenstich.

9. Im Flugzeug binde ich mir immer einen *Schal / Badeanzug* um, sonst bekomme ich einen steifen Nacken.

I

I10 Der Knopf ist ab

Wie heißen die Wörter? Es gibt einen Lesetrick.

1. Der Knopf ist ab. Hast du eine (ledan) _Nadel_ und einen schwarzen (nedaf) _____?

2. Das Tuch ist nicht aus Kunstfaser, sondern aus (edies) _____.

3. Der Pullover ist aus (renier) _____ (ellow) _____.

4. Der Stoff ist zu 100 % aus (ellowmuab) _____.

5. Ich finde meinen Schlüssel nicht, ich glaube er ist in meiner (ehcsatnekcaJ)

   _____.

Lernwörter

der Stoff, -e	die Baumwolle (Sg)	die Wolle (Sg)	der Faden, ⸚
die Nadel, -n	der Haushalt, -e	rein	die Wäsche (Sg)
die Uniform, -en	die Bluse, -n	der Regenmantel, ⸚	die Jackentasche, -n
der Anzug, ⸚e	der Badeanzug, ⸚e	der Bikini, -s	die Badehose, -n
der Stiefel, -	der Turnschuh, -e	die Strumpfhose, -n	

I11 Das Kleid ist chic

Was passt? Kreuzen Sie an.

1. Wow, dein neues Kleid ist wirklich …
   ☒ chic. ☒ schön. ☒ hübsch.

2. Du hast aber auch einen … Anzug an.
   ☐ eleganten ☐ schicken ☐ schwarzen

3. Du musst dich umziehen. Dein T-Shirt ist total …
   ☐ schmutzig. ☐ dreckig. ☐ sauber.

4. Ich finde, das Kleid passt nicht zu dem Anlass. Es ist mir zu …
   ☐ bunt. ☐ sportlich. ☐ modisch.

5. Die Sängerin trug ein … Kleid.
   ☐ kurzes ☐ einfaches ☐ elegantes

6. Das Hemd würde ich nicht mehr anziehen. Der Kragen ist zu …
   ☐ altmodisch. ☐ hübsch. ☐ modern.

7. Der Stoff ist …
   ☐ bunt. ☐ farbig. ☐ einfarbig.

I12 Das steht Ihnen gut

Ergänzen Sie. Achten Sie bei Verben auf die korrekte Form.

> tragen • anprobieren • anhaben • passen • passen zu • Kabine •
> umziehen • medium • ~~stehen~~

1. Rosa *steht* Ihnen wirklich gut.

2. Die Hose _____ nicht. Können Sie sie mir bitte in _____ bringen?

3. Man darf nur drei Teile in die _____ mitnehmen.

4. Mein Mann _____ im Büro immer Hemden.

5. Wir müssen um acht Uhr los. Ich muss mich noch _____ .

6. Was meinst du, _____ die Krawatte ____ dem Hemd?

7. Das Publikum schaute darauf, welches Kleid die Prinzessin _____ .

8. Ich möchte die Hose _____ . Wo sind die Umkleidekabinen?

Lernwörter			
chic/schick	bunt	sportlich	elegant
einfach	die Kabine, -n	passen zu	anhaben
tragen	anhaben	stehen	das Publikum (Sg)
umziehen	anprobieren		

I13 Schmuck

Ergänzen Sie.

> Schmuck • ~~normalerweise~~ • Batterie • stehlen • echt •
> Kette • Uhr • Gold • Silber

1. Sie trägt *normalerweise* wenig *Sch*_____ , meistens nur eine Uhr, ihren Ehering

   und manchmal eine *K*_____ .

2. Stimmt es, dass dem Präsidenten der USA die *U*___ *gest*_____ wurde?

3. Die Perlenkette ist nicht *e*_____ . Das ist nur Modeschmuck.

4. Schmuck aus *S*_____ steht mir nicht so gut, ich muss *G*_____ tragen.

5. Ich brauche eine neue *B*_____ für meine Uhr.

I14 Werkzeug

Wie heißen die Gegenstände? Ergänzen Sie mit dem bestimmten Artikel.

Nagel • Wasserwaage • Werkzeug • Dübel • Schraube • Säge •
Schraubenzieher • Klebstoff • Schnur • Schere • Bohrmaschine •
Hammer • Zange • Haken • Pinsel

1. *das Werkzeug*   2. _____   3. _____

4. _____   5. _____   6. _____

7. _____   8. _____   9. _____

10. _____   11. _____   12. _____

13. _____   14. _____   15. _____

Lernwörter

der Schmuck (Sg)	der Ring, -e	die Kette, -n	das Silber (Sg)
das Gold (Sg)	die Batterie, -n	stehlen	normalerweise
die Zange, -n	der Hammer, -	der Nagel, ¨	die Schraube, -n
die Schere, -n	die Schnur, ¨e	der Klebstoff, -e	das Werkzeug, -e

J Post, Behörden, Bank, Polizei und Feuerwehr

J1 Briefe und Post

Ergänzen Sie. Vergessen Sie nicht den bestimmten Artikel!

Postleitzahl • ~~Briefumschlag~~ • Anschrift/Adresse • Briefmarke • Absender

3. _____

1. *der Briefumschlag*

SIMON UMBREIT
IM WIESENGRUND 14
71522 BACKNANG

FRAU
MARIA STIX
PUPPENWEG 15
81713 MÜNCHEN

4. _____

_____

2. _____

5. _____

Päckchen • Schalter • Paket • Briefkasten • Briefträger • Ansichtskarte

6. _____   7. _____   8. _____

9. _____   10. _____   11. _____

Tipp ....

-chen* und *-lein

Wörter mit der Endung **-chen** und **-lein** haben immer den Artikel **das** (neutral):

das** Päck**chen**, **das** Mäd**chen**, **das** Brief**lein (= kleiner Brief).

....

Lernwörter

die Ansichtskarte, -en	das Päckchen, -	der Briefträger, -	der Briefkasten, ¨en
der Schalter, -	der Absender, -	die Postleitzahl, -en	

J2 Auf der Post

Ergänzen Sie. Achten Sie auf die korrekte Form.

EU • Europa • aufgeben • abholen • schicken • Empfänger • Ausland • Formular • Höchstgewicht • Abholschein • postlagernd • Schalter • schwer • Express • Cent • erhalten • kriegen • ausfüllen • bekommen • ausreichend frankieren • kleben • Postfach

1. Für Päckchen außerhalb der _EU_ müssen Sie eine Zollerklärung _a_____._

2. Das Paket können Sie am Schalter nebenan _a_____._

3. ● Kann ich das hier noch als Päckchen _sch_____?_

   ■ Nein, die Sendung ist zu _sch_____._ Das _H_____ für

   Päckchen ist zwei Kilo. Das geht nur als Paket. Sie müssen dann noch dieses

   _F_____ ausfüllen.

4. Geben Sie mir bitte einen Paketschein für das _A_____?_

5. ● Ich möchte ein Paket _a_____._

   ■ Da brauche ich den _A_____ und Ihren Pass oder Personalausweis.

6. _P_____ bedeutet, dass die Sendung an ein bestimmtes Postamt

   adressiert ist und dort vom _E_____ abgeholt wird.

7. ● Kann ich bei Ihnen Sondermarken _b_____?_

   ■ Nein, leider nicht, die _k_____ Sie am _Sch_____ nebenan.

8. ● Ich habe Ihre Sendung noch nicht _e_____._

   ■ Unglaublich! Ich habe sie am Freitagmorgen per _E_____ verschickt.

9. Bei der Adresse gibt es keine Straße, das ist ein _P_____._

10. ● Was heißt denn „_a_____ _f_____"?

    ■ Die richtige Briefmarke auf die Karte _k_____._ Das Porto für Postkarten

    innerhalb _E_____ ist 65 _C_____._

Lernwörter

das Gewicht, -e	der Empfänger, -	das Ausland (Sg)	die EU (Sg)
abholen	aufgeben	kriegen	ausfüllen
kleben	erhalten	frankieren	Express
ausreichend	das Postfach, ⸚er	das Formular, -e	

J3 Ämter und Dokumente

Was passt nicht?

1.	*die Aufenthaltsgenehmigung*	ist gültig – ~~ist versäumt~~ – wird ausgestellt
2.	*eine Frist*	versäumen – verlängern – erkundigen
3.	*ein Visum*	verkürzen – ausstellen – verlängern
4.	*eine Auskunft*	geben – bekommen – ausstellen
5.	*einen Antrag*	stellen – informieren – ausfüllen
6.	*einen Antrag*	einhalten – ablehnen – genehmigen
7.	*eine Bestätigung*	bekommen – erhalten – erlauben
8.	*einen Stempel*	bekommen – erhalten – stellen
9.	*ein Formular*	erhalten – ausfüllen – versäumen
10.	*einen Kursbesuch*	bestätigen – ausstellen – bewilligen
11.	*Asyl*	erhalten – beantragen – anmelden

J4 Behörden und Konsulat

Ergänzen Sie. Achten Sie auf die korrekte Form.

> ~~Konsulat~~ • Ausland • Dokument • Fundbüro • um Asyl bitten •
> Ausländer • Botschaft

1. Mein Visum ist abgelaufen, ich muss zum *Konsulat*.

2. Die _____ ist die Vertretung eines Landes im _____.

3. Ein Österreicher ist in Japan _____.

4. Die Zahl der Menschen, die in Deutschland momentan ____ _____ _____,

   nimmt zu.

5. Weißt du, wie die Öffnungszeiten des _____ sind?

6. Sie müssen die _____ ins Deutsche übersetzen lassen.

Lernwörter

gültig	besitzen	erhalten	versäumen
ablehnen	bestätigen	das (Antrags-)Formular, -e	die Auskunft, ¨e
der Antrag, ¨e	einen Antrag stellen	das Dokument, -e	der Stempel, -
kontrollieren	das Asyl (Sg)	um Asyl bitten	das Ausland (Sg)

J5 Telefonieren und faxen

Ergänzen Sie. Achten Sie auf die korrekte Form.

Ruhe • Nachricht • per • Mobiltelefon • Handy • abheben • Faxgerät •
telefonieren • ausschalten • während • auflegen • Anruf • sich verwählen •
sprechen mit • erreichen • wählen • zurückrufen • Vorwahl • Verbindung •
Anrufbeantworter • Auskunft

1. In der Klinik müssen Sie Ihr _Mobiltelefon_ ausschalten.

2. _____ bitte nicht ____, wenn das Telefon klingelt. Ich möchte in _____ arbeiten.

3. Sein Handy war nicht _____ und es klingelte _____

   des Konzerts.

4. Ich habe leider kein _____, aber Sie können mir eine E-Mail schicken.

5. Bei meinem _____ ist der Akku leer. Kann ich mit deinem

   _____?

6. Du, ich muss jetzt auflegen. Ich warte auf einen wichtigen _____.

7. ● _____ ich _____ Herrn Techmer?

   ■ Nein, tut mir leid. Da haben Sie _____ _____.

8. Ich verstehe dich kaum, die _____ ist ganz schlecht.

9. In Notfällen können Sie mich auch _____ Handy _____.

10. Dies ist der _____ von Bärbel Jeck. Bitte hinterlassen

    Sie eine _____. Ich _____ Sie umgehend _____.

11. Ich muss _____, das Meeting beginnt gleich.

12. Die _____ von München ist 089. Wenn du aus dem Ausland anrufst,

    darfst du nach der 0049 keine 0 mehr _____.

13. ● Weißt du die Nummer der _____?

    ■ Ja, 11833.

Tipp . . . .

E-Mail
Wie schreibt man **E-Mail**? Die einzige korrekte Schreibung ist **E-Mail**. Der Artikel ist
die (CH und A auch **das**). Wer Mails verschickt, **mailt**.

. . . .

Lernwörter

wählen	ausschalten	abheben	auflegen
erreichen	zurück(-rufen)	die Nachricht, -en	der Anrufbeantworter, -
der Anruf, -e	erreichen	die Vorwahl, -en	die Verbindung, -en
die Ruhe (Sg)	per	das Handy, -s	das Faxgerät, -e
während	das Mobiltelefon, -e		

J6 E-Mail und SMS

Unterstreichen Sie die passenden Wörter.

1. Hier gibt es kein *Fax / Internet*. Da kann ich keine E-Mails *checken / surfen*.

2. VW und BMW haben *verboten / vereinbart*, dass Mitarbeitern nach Arbeitsende und am Wochenende keine Mails mehr *gesendet / gelöscht* werden.

3. Tipps für den Umgang mit dem Internet im Büro: Gehen Sie erst *nach Hause / online*, wenn Sie wissen, was Sie *erledigen / mailen* müssen. *Senden / Löschen* Sie weniger Mails, dann bekommen Sie auch weniger.

4. Er hat immer einen Extra-Akku für seinen *Laptop / Taschenlampe* in der Tasche.

5. Das Telefon geht wieder. Der *Stecker / Hörer* war nicht richtig eingesteckt.

6. Wo ist *das Kabel / der Link* für den Beamer?

7. Das Internet wird bald schneller. Es werden neue *Leitungen / Schnüre* verlegt.

8. Von diesem Apparat kann man nur *Ortsgespräche / Chats* führen.

9. Einen Moment bitte. Ich *verbinde / twitter* Sie mit Herrn Lautner.

10. Ich muss *den Hörer / das Kabel* kurz ablegen, um die Unterlagen zu holen.

11. Der *Tarif / Computer* bei unserem Anbieter ist leider nicht günstig.

12. Kannst du mal *googeln / erledigen*, wo das Hotel genau liegt?

13. Wenn es zu aktuellen Themen einen Chat gibt, *chatte / faxe* ich gerne.

14. Wenn du auf die Homepage gehst, findest du *die SMS / den Link*.

Lernwörter

das Internet (Sg)	der Laptop, -s	die (Telefon-)Leitung, -en	der Stecker, -
das Kabel, -	checken	erledigen	vereinbaren
verbinden	googeln	chatten	der Anbieter, -
löschen	der Link, -s	der Tarif, -e	die Schnur, ¨e
der Anbieter, -	die SMS, -en	surfen	

J7 Am Geldautomaten

Ergänzen Sie. Achten Sie auf die korrekte Form.

> Kreditkarte • EC-Karte • Geldautomat • Geld abheben • bezahlen •
> eingeben • Geheimzahl

● Ich konnte auf Korsika mit meiner (1) *Kreditkarte* am (2) _____

kein Geld holen, weil ich meine (3) _____ vergessen habe.

■ Und was hast du dann gemacht?

● Mein Mann hat alles (4) _____. Aber stell dir vor, dann wollte er

(5) _____ _____ und hat dreimal die falsche PIN-Nummer

(6) _____ und dann war seine (7) _____ weg.

J8 Auf der Bank

Was passt? Kreuzen Sie an.

1. Man kann Geld auf ein Konto ...
   ☒ überweisen.   ☒ einzahlen.   ☐ sparen.

2. Man kann Geld ... einzahlen.
   ☐ bei der Bank.   ☐ am Geldautomaten.   ☐ am Schalter.

3. Man kann ein Konto ...
   ☐ eröffnen.   ☐ überweisen.   ☐ haben.

4. Man kann einen Scheck ...
   ☐ einlösen.   ☐ auszahlen lassen.   ☐ ausstellen.

5. Man kann Zinsen ...
   ☐ bekommen.   ☐ bezahlen.   ☐ wechseln.

6. Man kann Schulden ...
   ☐ machen.   ☐ abbezahlen.   ☐ haben.

Lernwörter

einzahlen	überweisen	eröffnen	das Konto, Konten
der Scheck, -s	sparen	der Kredit, -e	Geld abheben
der Schalter, -	der Zins, -en	die Schulden (Pl)	

J9 Polizei und Feuerwehr

Ergänzen Sie. Achten Sie auf die korrekte Form.

> Parkverbot • Verkehr • Sicherheit • Krankenwagen (A: Rettung) •
> Anzeige • Tote • Polizist • Polizeikontrolle • Strafzettel • stehlen •
> Feuerwehr • stehen bleiben

1. Ein *Polizist* (A: Gendarm) regelte nach dem Unfall den _____.

2. Hier dürfen Sie nicht parken (CH: parkieren). Hier ist _____.

3. David wurde sein Rad _____ und er machte eine _____ bei der Polizei.

4. Für die _____ der Besucher gab es viele _____.

5. Mist, ich habe einmal falsch geparkt und gleich einen _____ bekommen.

6. Hier dürfen Sie nicht _____ _____, hier ist Halteverbot.

7. Wenn es brennt, bringt die _____ zuerst die Menschen außer Gefahr.

8. Fahr rechts ran, da kommt ein _____ mit Blaulicht.

9. Bei dem schweren Unfall gab es zwei _____.

J10 Verbrecher bestrafen – Brände löschen …

Finden Sie die Verben und ergänzen Sie.

> klöschendffkdverhindernjdkdbestrafendkdtbekommendr
> kdmhuholendeztemhabengfrettenkdueeszttdtötensjsdm

1. den Brand *löschen*	5. die Verletzten _____
2. eine Strafe _____	6. ein Opfer _____
3. Hilfe _____	7. eine Verletzung _____
4. einen Verbrecher _____	8. Gewalt _____

Lernwörter

der Verkehr (Sg)	der/die Polizist/-in	die Anzeige, -n	das Parkverbot, -e
retten	der Krankenwagen, -	stehlen	die Sicherheit (Sg)
der Notarzt, ⸚e	der Verletzte, -n	die Feuerwehr, -en	stehen bleiben
bestrafen	der Verbrecher, -	die Verletzung, -en	die Strafe, -n
die Gewalt (Sg)	der Tote, -n	verhindern	

K Schule, Ausbildung und Beruf

K1 Das deutsche Schulsystem

Ergänzen Sie.

> dauern • Abitur • in der Regel • bereits • Schulsystem • <u>Kindergarten</u> •
> vorbereiten auf • Fach • Lehre • entweder ... oder • unterschiedlich •
> Ausbildung • Realschulabschluss • Universität • Schuljahr • Grundschule •
> studieren • Betrieb • Jugendliche • Gymnasium • Note

In Deutschland besuchen Kinder in der Regel mit drei Jahren den (1) _Kindergarten_.

Meistens werden sie dort (2) _____ im letzten Jahr (3) _____ die Schule

_____. Mit sechs Jahren gehen die Kinder dann in die

(4) _____. Die Grundschule (5) _____ in Deutschland

(6) ___ _____ _____ vier Jahre. Für den Wechsel auf die weiterführenden

Schulen sind vor allem die (7) _____ in den (8) _____ Deutsch,

Mathematik und Heimat- und Sachkunde wichtig. Die Kinder besuchen dann

ab der 5. Klasse (9) _____ die Hauptschule, die Realschule oder

das (10) _____. Wer auf die Hauptschule geht, kann nach dem

9. (11) _____ seinen Hauptschulabschluss machen und eine

(12) _____ beginnen. Diese (13) _____, z. B. zur Verkäuferin

oder zum Friseur, dauert meistens drei Jahre. Während ihrer Ausbildung in einem

(14) _____ besuchen die (15) _____ auch die Berufsschule.

Jugendliche, die auf die Realschule gehen, machen nach der 10. Klasse den

(16) _____. Danach kann man dann entweder auch eine

Ausbildung beginnen oder eine Fachoberschule besuchen, um später an der Fachhoch-

schule zu (17) _____. Wer das Gymnasium besucht, macht in den meisten

Bundesländern nach der 12. Klasse das (18) _____ (A: Matura) und kann dann an

einer (19) _____ studieren. Das deutsche (20) _____

wird häufig kritisiert, weil die Kinder sehr früh, meist mit zehn Jahren, auf die

(21) _____ Schulformen aufgeteilt werden.

Lernwörter

bereits	vorbereiten (auf)	in der Regel	unterschiedlich
das Fach, ⸚er	entweder … oder	die Lehre, -n	die Grundschule, -n
das (Schul-)System, -e	die Ausbildung, -en	der Betrieb, -e	der Jugendliche, -en
das Bundesland, ⸚er	das Abitur (Sg)	das Gymnasium, Gymnasien	

 K2 ## Schreibwaren und Schulausstattung

Ergänzen Sie mit dem bestimmten Artikel.

Schnellhefter • Federmäppchen • Schultasche • Rucksack • Schwamm •
Tafel • Mappe • Block • Bleistift • Heft • Lineal • Spitzer • Radiergummi •
Klebestift • Geodreieck • Beamer • Whiteboard

1. *die Schultasche*   2. _____ 3. _____

4. _____ 6. _____ 8. _____

5. _____ 7. _____ 9. _____

10. _____ 14. _____ 16. _____

11. _____ 15. _____ 17. _____

12. _____

13. _____

K3 Noch mehr Schreibwaren und Schulausstattung

Ergänzen Sie mit dem bestimmten Artikel.

Filzstift • Flipchart • Ordner • Füller • Kugelschreiber • Arbeitsblatt • Wasserfarben

1. *der Füller* _____   2. _____   4. _____

3. _____

5. _____   6. _____   7. _____

K4 Unterrichts- und Schulaktivitäten (1)

Finden Sie zwölf Verben.

Xhsbastelnddzlernenshlesenoigägaufschreibenküskgklksnotierensäankreuzenhvz
Qemitschreibendzrechnendaldeotzeichnensprmmalenxusksingenykrekzuordnengz

1. *basteln* _____   2. *l*_____   3. *l*_____   4. *a*_____

5. *n*_____   6. *a*_____   7. *m*_____   8. *r*_____

9. *z*_____   10. *m*_____   11. *s*_____   12. *z*_____

Lernwörter

der Schwamm, ⸚e	der Rucksack, ⸚e	die Schultasche, -n	die Tafel, -n
die Mappe, -n	der Block, ⸚e	der Kugelschreiber, -	zeichnen
basteln	mitschreiben	aufschreiben	notieren
zuordnen			

K5 Unterrichts- und Schulaktivitäten (2)

Ergänzen Sie. Achten Sie auf die korrekte Form.

> anmelden • unterrichten • korrigieren • abschreiben • ~~merken~~ •
> aufpassen • konzentrieren • erklären • notieren • sich melden •
> Hausaufgaben • Unterricht • Schulfach • Glaube

1. Ein Vorschulkind sollte sich drei Sachen *merken* können.

2. Die Eltern müssen ihre Kinder in der Schule _____ .

3. _____ du Max noch einmal, wie er den Stift halten soll?

4. Weil Max im Unterricht laut war, musste er einen Text _____ .

5. Wenn du im Unterricht gut _____ , dich _____ und

   deine _____ immer machst, musst du vor der Klassenarbeit

   nicht so viel lernen.

6. _____ euch bitte die Hausaufgaben.

7. Rufe nicht rein! Wenn du die Antwort weißt, _____ _____ !

8. _____ du die Aufgaben bitte selbst, hier sind die Lösungen.

9. Ich _____ gerne die erste Klasse, da sind die Schüler so interessiert.

10. Religion ist in Deutschland _____ . Schüler mit anderem

    _____ oder ohne Konfession nehmen am Ethik-_____ teil.

K6 Unterrichtsfächer

Finden Sie neun Unterrichtsfächer.

> RE • MIE • GION • LA • LO • ~~MA~~ • SCHICH • ~~THE~~ • SIK • PHY • ~~MA~~ • PHIE •
> ~~TIK~~ • ENG • GEO • GIE • LISCH • GRA • BIO • GE • TE • TEIN • CHE • LI

1. *Mathematik*   2. *E*_____   3. *G*_____

4. *P*_____   5. *B*_____   6. *G*_____

7. *L*_____   8. *C*_____   9. *R*_____

Lernwörter			
abschreiben	merken	aufpassen	korrigieren
anmelden (für)	das Schulfach, ¨er	der Unterricht (Sg)	die Mathematik (Sg)

K7 Arbeitsanweisungen verstehen (1)

Notieren Sie die Satzteile in der richtigen Reihenfolge.

Sie • Ordnen • zu. • die Sätze

1. *Ordnen Sie die Sätze zu.* _____

richtige Lösung. • gibt es • Für jede Aufgabe • nur eine

2. _____

wie • Hilfsmittel • benutzt werden. • Handys oder Wörterbücher • dürfen nicht

3. _____

_____

eine Einleitung • zu der Geschichte. • Schreiben Sie • und einen Schluss

4. _____

_____

auf dem Antwortbogen • Kreuzen • die richtige Lösung • an • Sie

5. _____

zu einem Artikel. • Kommentare • Sie lesen

6. _____

sieben • Lösen Sie • Aufgaben.

7. _____

bei jeder Aufgabe • Wählen Sie • die richtige Lösung.

8. _____

Lernwörter

die Aufgabe, -n	die Lösung, -en	lösen	die Anzeige, -n
zuordnen	das Hilfsmittel, -	die Einleitung, -en	der Schluss, ⸚e
das Handy, -s	der Kommentar, -e	der Artikel, -	wählen

K8 Arbeitsanweisungen verstehen (2)

Notieren Sie die Sätze.

1. *Der Moderator der Sendung diskutiert mit zwei Gästen.*

   dermoderatordersendungdiskutiertmitzweigästen

2. _____

   dasmodulhörenbestehtausvierteilen

3. _____

   schreibensieetwaszuallenvierpunkten

4. _____

   _____

   übertragensiedielösungenaufdenantwortbogen

5. _____

   _____

   erklärensiedeninhaltunddiestrukturihrerpräsentation

6. _____

   achtensieaufdentextaufbau

7. _____

   reagierensieaufdierückmeldung

Tipp . . . .

Zertifikatprüfung B1

Alle Arbeitsanweisungen der Übungen K7 und K8 sollten Sie bei der Prüfung
Zertifikat B1 verstehen.

. . . .

Lernwörter

diskutieren (mit) über	der Teil, -e	der Inhalt, -e	die Sendung, -en
die Präsentation, -en	reagieren		

K9 Prüfungen

Ergänzen Sie. Achten Sie auf die korrekte Form.

> benotet • mündlich • schriftlich • anerkennen • vorbereiten •
> bestehen • ~~erreichen~~ • Resultat • durchschnittlich • Zertifikat • schaffen •
> bewerten • Kursteilnehmer • Examen • Prüfung • Diplom • Zeugnis •
> Hochschule • lösen • Referat

1. Wenn Sie 60 Prozent der Punkte *erreichen*, haben Sie den Test *b*_____.

2. Sie erfahren das *R*_____ Ihrer Prüfung in zwei Tagen.

3. Ich bin mir sicher, Sie werden die Prüfung *sch*_____.

4. Ich kann Ihre Aufgaben nicht *b*_____, wenn ich Ihre Schrift nicht lesen kann.

5. 50 Prozent der *K*_____ haben die *P*_____ bestanden.

6. Sind Sie auf die Prüfung gut *v*_____?

7. Bei den Tests fallen *d*_____ 20 Prozent der

   Teilnehmer durch.

8. Nach der bestandenen Prüfung erhalten Sie ein *Z*_____.

9. Kann man das *E*_____ wiederholen, wenn man durchgefallen ist?

10. Ich hoffe, dass mein *D*_____ in Österreich *a*_____ wird.

11. Du musst dein *Z*_____ vorlegen, wenn du dich an einer

    *H*_____ einschreibst.

12. Ist die Prüfung nur *sch*_____ oder auch *m*_____?

13. Ich *l*_____ Übungstests, um mich auf die Prüfung vorzubereiten.

14. Martin und Simon haben für ihr Geographie-*R*_____ eine gute Note

    bekommen.

15. Die Klassenarbeiten wurden streng *b*_____.

Lernwörter

das Resultat, -e	vorbereiten (auf)	durchschnittlich	lösen
erreichen	schaffen	(nicht) bestanden	der (Kurs-)Teilnehmer, -
anerkennen	das Examen, -	die Prüfung, -en	die Hochschule, -n
mündlich	schriftlich		

K10 Im Deutschkurs

Unterstreichen Sie das richtige Wort.

1. Kennst du einen anderen *Ausdruck / Buchstaben* für Antonym?
2. Bei dieser Frage sollten Sie am Ende *die Stimme / das Fremdwort* anheben.
3. *Das Zeichen / Das Fremdwort* Geografie kannst du mit „f" oder „ph" schreiben.
4. Ich muss *eine Zusammenfassung / einen Satz* des Textes schreiben.
5. Sie können für diese Übung *ein Wörterbuch / eine Übersetzung* verwenden.
6. *Meinen / Begründen* Sie Ihre Meinung.
7. Ich verstehe das nicht. Können Sie mir das *nennen / übersetzen*?
8. Können Sie mir noch ein Beispiel *nennen / zusammenfassen*?
9. Sie spricht *fließend / positiv* Deutsch.
10. Die Übersetzung *fällt mir leider nicht ein / buchstabiere ich*.
11. Können Sie mich bitte beim Sprechen *korrigieren / prüfen*?
12. Deutsch ist *seine Muttersprache / sein Dialekt*.
13. Sie lernt *Deutsch als Zweitsprache / Kommunikation*.

K11 Rätsel rund um Schule und Studium

Wie heißen die Wörter?

1. ein anderes Wort für Schulanfang (nnigebluhcS): *Schulbeginn*
2. das Wissen, das man von etwas hat (essintnneK): _____
3. so nennt man den Leiter einer Schule (rotkeriD): _____
4. Zeit, in der an der Universität gelehrt wird (retsemeS) _____

Lernwörter

die Stimme, -n	nachdenken	der Ausdruck, ⁻e	das Fremdwort, ⁻er
fließend	einfallen	korrigieren	verbessern
die Zusammenfassung, -en	begründen	meinen	die Übersetzung, -en
der Direktor, -en	nennen	der Dialekt, -e	übersetzen
die Kommunikation (Sg)	die Kenntnis, -se	der Schulbeginn (Sg)	das Semester, -

K12 Berufsbezeichnungen

Ordnen Sie zu und ergänzen Sie den bestimmten Artikel.

Stewardess • Busfahrerin • Automechaniker • Bauarbeiter • Arzthelferin •
Hausfrau • Bäcker • Sekretärin • Polizistin

1. _die Busfahrerin_ 2. _____ 3. _____

4. _____ 5. _____ 6. _____

7. _____ 8. _____ 9. _____

K13 Was ist wer von Beruf?

Ergänzen Sie.

Verkäufer • Lehrer • Raumpflegerin / Putzfrau • Feuerwehrmann •
Friseurin (CH: Coiffeurin)

1. Er rettet Unfallopfer aus Fahrzeugen und löscht Brände. Er ist _Feuerwehrmann_.

2. Sie reinigt Büros: Sie muss staubsaugen, Papierkörbe leeren und Staub wischen.

   Sie ist _____.

3. Er unterrichtet an einer Grundschule. Er ist _____.

4. Er bedient und berät Kunden in einem Geschäft. Er ist

   _____.

5. Sie wäscht, schneidet und föhnt Haare. Sie ist _____.

K14 Berufsgruppen

Ordnen Sie zu und ergänzen Sie den bestimmten Artikel.

> ~~Pilot/Pilotin~~ • Arzt/Ärztin • Elektriker/Elektrikerin • Florist/Floristin •
> Metzger/Metzgerin • Installateur/Installateurin • Taxifahrer/Taxifahrerin •
> Architekt/Architektin • Krankenpfleger/Krankenschwester •
> Maler/Malerin

1. Verkehr

der Pilot / die Pilotin

_____

_____

_____

_____

2. Gesundheit

_____

_____

_____

_____

_____

3. Handel

_____

_____

_____

_____

_____

4. Baugewerbe

_____

_____

_____

_____

_____

Lernwörter

der Polizist, -en	der Verkäufer, -	der (Bau-)Arbeiter, -	der (Bus-)Fahrer, -
der Sekretär, -e	der Hausmann, ⁻er	die Hausfrau, -en	reinigen
der Bäcker, -	das Opfer, -	der Elektriker, -	der Maler, -
der Architekt, -en	der Installateur, -e	retten	beraten
bedienen	gießen	Haare föhnen	unterrichten
wischen	staubsaugen	leeren	
der (Auto-)Mechaniker, -	der Krankenpfleger, -	die Krankenschwester, -n	

K15 Rund um den Beruf

Ergänzen Sie. Achten Sie auf die korrekte Form.

> Job • Arbeitsplatz • ~~Beruf~~ • Stelle • Computerspezialist • Beamte •
> berufstätig • selbstständig • Angestellte • sich auskennen

1. Er ist Physiker von *Beruf* und arbeitet jetzt als Lehrer.

2. Weil er keine feste _____ gefunden hat, hat er sich _____

   gemacht.

3. Polizisten und Lehrer sind in Deutschland _____.

4. Sie hat in den Semesterferien einen _____ als Kellnerin.

5. Leider ist mein _____ jetzt in dem neuen Großraumbüro.

6. Sind Sie _____ oder selbstständig?

7. Da _____ ich _____ nicht _____, frag doch Herrn Löw, er ist unser

   _____.

8. Frau Tim ist momentan nur halbtags _____.

K16 Wie ist deine neue Arbeit?

Ergänzen Sie das Gegenteil.

> gefährlich • angenehm • ~~langweilig~~ • anstrengend • geistig arbeiten

1. interessant   ⟷   *langweilig*

2. leicht   ⟷   _____

3. unangenehm   ⟷   _____

4. ungefährlich   ⟷   _____

5. körperlich arbeiten ⟷   _____

Lernwörter

selbstständig	der Angestellte, -n	die Stelle, -n	der Beamte, -n
der Arbeitsplatz, ̈-e	der Beruf, -e	der Spezialist, -en	anstrengend
(un-)angenehm	(un-)gefährlich	sich auskennen	

K17 Berufliche Aufgaben

Ergänzen Sie. Achten Sie auf die korrekte Form.

> verkaufen • entwickeln • leiten • ~~machen~~ • Stress • Projekt •
> Verantwortung • Organisation • Aufgabe • Bereich • Sitzung

1. ● Und was _machen_ Sie?

   ○ Ich habe neue _____ im Bereich Marketing.

2. Wer ist für die _____ der Tagung verantwortlich?

3. Der _____ Handy wurde an einen ausländischen Investor _____.

4. Wer _____ den Bereich Automobiltechnik, ist das noch Herr Dr. Schmidt?

5. Für das neue _____ müssen noch Mitarbeiter eingestellt werden.

6. Die _____ fängt etwas später an, weil Herr Dr. Rau im Stau steht.

7. Die Software für dieses Problem muss erst _____ werden.

8. Die Frage ist, wer trägt die _____ für die Missstände?

9. Ich bin im _____, weil meine Präsentation noch nicht fertig ist.

K18 Arbeitsplätze und -orte

Ergänzen Sie. Achten Sie auf die korrekte Form.

1. Es stört mich, dass ich keinen festen (ztalpstiebrA) _Arbeitsplatz_ im Büro habe.

2. Die Firma Rettenberger ist ein kleiner (beirteB) _____ mit zwölf Mitarbeitern.

3. Er hat sich als Schreiner selbstständig gemacht und hat eine eigene (ttatskreW)

   _____.

4. Die (amriF) _____ Siemens hat ihren Hauptsitz in München.

5. In dieser (kirbaF) _____ werden Turngeräte produziert.

6. Sie arbeitet im Supermarkt an der (essaK) _____.

Lernwörter			
der Bereich, -e	die Aufgabe, -n	leiten	der Arbeitsplatz, ⁻e
der Betrieb, -e	die Werkstatt, ⁻en	die Fabrik, -en	die Organisation. -en
die Kasse, -n			

K19 Arbeitssuche

Ergänzen Sie. Achten Sie auf die korrekte Form.

> sich bewerben um • Auftrag • Stellenangebot • sich vorstellen • arbeitslos •
> wechseln • ~~finden~~ • kündigen • Entlassung

1. Es ist nicht schwierig, eine Stelle als Erzieherin zu *finden*.

2. Walter möchte gerne die Arbeitsstelle _____.

3. Ich habe ein interessantes _____ gesehen und werde

   _____ die Stelle _____.

4. Die Firma Denka hat 500 Mitarbeitern _____.

5. Seit sie _____ ist, hat sie schon über dreißig Bewerbungen geschrieben.

6. Er wird _____ morgen bei der Firma Raddorf _____.

7. Wenn wir nicht mehr _____ bekommen, drohen _____.

K20 Lohn und Gehalt

Ergänzen Sie. Achten Sie auf die korrekte Form.

> Lohnerhöhung • Überstunde • Streik • ~~Gewerkschaften~~ • verdienen •
> fordern • sinken • steigen • streiken

1. Die *Gewerkschaften* haben zum *St*_____ aufgerufen. Sie *f*_____

   3 % *L*_____.

2. Es kam zu Verspätungen bei der Bahn, weil die Lokführer *st*_____.

3. Sie ärgert sich über die vielen *Ü*_____, die sie nicht bezahlt bekommt.

4. Während der Ausbildung *v*_____ ein Lehrling nicht viel.

5. Die Gehälter werden bei der neuen Firma *s*_____.

6. Die Arbeitgeber wollen nicht, dass die Lohnkosten *st*_____.

Lernwörter			
sich bewerben um	arbeitslos	kündigen	die Gewerkschaft, -en
der Streik, -s	streiken	fordern	die Überstunde, -n
sinken	steigen		

K21 Stellenanzeigen

Ergänzen Sie.

Praktikum • Vollzeit • Gehaltsvorstellung • schriftlich • Bewerbung • ~~suchen~~ • Azubis (Pl)

(1)

Zur Neueröffnung unseres Fitness-Clubs in München _suchen_ wir ab sofort
Fitness-Trainer und _A_____. Bitte richten Sie Ihre _B_____ mit Lichtbild u. _G_____ an:
FITNESS STAR, Leopoldstr. 183, 81475 München

(2)

_P_____ im Kindergarten
Wir suchen ab Sep. Praktikant/-in für 1 Jahr, Tel.: 0170-467 44 09

(3)

Fahrlehrer/-in für Teilzeit oder _V_____
nach Ingolstadt gesucht.
Bewerbung bitte _sch_____
unter ✉ ZS1833322 an SZ

K22 Bewerbungsanschreiben

Ergänzen Sie die Vokale.

Ein Bewerbungsanschreiben sollte Folgendes enthalten ...

Wie wurden Sie auf die Stelle (1) _au_fm_e_rks_a_m (Internet, Zeitungsannonce)?

Warum sind Sie an der Stelle (2) __nt__r__ss___rt?

Wo und was arbeiten Sie (3) z__rz___t?

Welche (4) __rf__hr__ng__n und (5) F__h__gk___t__n bringen Sie mit?

Welche (6) Z___l__ wollen Sie an Ihrem neuen Arbeitsplatz verfolgen?

Wann können Sie die Stelle (7) b__g__nn__n?

Bereitschaft zum (8) V__rst__ll__ngsg__spr__ch

Lernwörter			
der Azubi, -s	die Teilzeit (Sg)	die Vollzeit (Sg)	die Bewerbung, -en
schriftlich	zurzeit	die Fähigkeit, -en	aufmerksam
die Erfahrung, -en	das Ziel, -e	beginnen	das Vorstellungsgespräch, -e

K23 Computer und Software

Was passt? Kreuzen Sie an.

1. Einen Moment, ich muss den Computer noch ...
   ☒ einschalten ☒ ausschalten ☒ hochfahren

2. Können Sie mir bitte die Datei ...
   ☐ mailen ☐ surfen ☐ ausdrucken

3. Ich habe vergessen, die Datei zu ...
   ☐ speichern ☐ kopieren ☐ öffnen

4. Kannst du bitte den Kindern die CD-ROM ...
   ☐ einlegen ☐ brennen ☐ markieren

5. Für die Daten solltest du besser einen neuen Ordner ...
   ☐ anlegen ☐ anklicken ☐ schicken

K24 Computer und Internet

Wie heißen die Wörter?

1. Ich habe mir einen großen (mrihcsdliB) *Bildschirm* für den Computer gekauft.

2. Hast du eine deutsche oder eine englische (rutatsaT) _____?

3. Ich arbeite auch am Laptop immer mit der (suaM) _____.

4. Schaltest du bitte das (medoM) _____ ein, ich muss noch meine Mails abrufen.

5. Ich komme gerade nicht ins Internet, das (zteN) _____ ist überlastet.

6. Ich muss noch schnell meine Mails (nekcehc) _____.

7. Ich (erettiwt) _____ nicht. Ich bin in keinem Netzwerk angemeldet.

8. Speichere die Daten doch auf einem externen (krewfuaL) _____.

Lernwörter

mailen	surfen	einschalten	ausschalten
die CD-ROM, -s	der Bildschirm, -e	die Maus, ¨e	die Tastatur, -en
checken	twittern	das Modem, -s	das Netz, -e
anklicken	das Laufwerk, -e	der Laptop, -s	

L Freizeit und Kultur

L1 Ich habe frei

Ergänzen Sie. Achten Sie auf die korrekte Form.

> verbringen • Feiertag • ~~freihaben~~ • Feierabend • im (A: auf) Urlaub sein •
> in den Ferien • Wochenende • Urlaub (CH: Ferien) nehmen • Ferien haben •
> Gebirge • Ferien • Kurzurlaub machen • Freizeit • Dienst

1. Ich muss heute nicht arbeiten, ich *habe frei*.

2. Der 1. Mai ist ein _____, da werden wir einen _____

   in Venedig _____.

3. Wir _____ unseren Urlaub dieses Jahr im _____.

4. Ich habe keine Schule. Ich _____ _____.

5. Ich muss diese Woche nicht arbeiten. Ich habe _____ _____.

6. Herr Müller ist leider nicht da. Er _____ ____ _____.

7. Ich muss samstags und sonntags nie arbeiten. Am _____ habe

   ich immer frei.

8. In meiner _____ lese ich gerne.

9. Ich muss heute früher _____ machen, ich muss zum Elternsprechtag.

10. ____ _____ _____ sind wir dieses Jahr wieder auf Elba.

11. Ich kann nicht kommen, weil ich dieses Wochenende _____ habe.

12. Die _____ fangen dieses Jahr am 30. Juli an.

Lernwörter

die Freizeit (Sg)	der Dienst, -e	verbringen	der Urlaub, -e
im Urlaub sein	in den Ferien sein	(Kurz-)Urlaub machen	

L2 Hobbys und Freizeit

Ordnen Sie zu.

> tauchen • Karten spielen • ~~wandern~~ • Golf spielen •
> Volleyball spielen • Tennis spielen • Ski fahren • Handball spielen •
> klettern • joggen • segeln • rudern

1. *wandern*   2. _____   3. _____

4. _____   5. _____   6. _____

7. _____   8. _____   9. _____

10. _____   11. _____   12. _____

Lernwörter

Tennis (Sg)	Ski fahren	wandern	Karten spielen
Golf spielen	joggen	tauchen	

L3 Malen, basteln, fotografieren

Ergänzen Sie. Achten Sie auf die korrekte Form.

> erkennen • zeichnen • basteln • ~~malen~~ • vergrößern • Farbe • Handy •
> Schere • Fotograf • Akku • Bild • Ausstellung • Kunst

1. Kinder *malen* gerne B_____ mit Buntstiften und Wasserfarben.

2. Auf dem Foto kann man nichts e_____. Das muss ich v_____.

3. Leonardo da Vinci h____ viele Baupläne von Maschinen g_____.

4. Die Fotos habe ich nicht selbst gemacht, die sind von einem F_____.

5. Ich muss mit dem H_____ Fotos machen, bei meiner Kamera ist der A_____ leer.

6. Zum B_____ braucht man Papier, eine *Sch*_____ und Klebstoff.

7. Wer sich für moderne K_____ interessiert, darf diese A_____

   nicht verpassen!

8. Mir gefallen die F_____ des Bildes sehr gut.

L4 Spielen

Unterstreichen Sie das richtige Wort.

1. „Mensch ärgere Dich nicht" spielen wir nur, wenn keiner weint, wenn er
   verliert / gewinnt!

2. Ich habe einfach kein *Pech / Glück*. Nie würfele ich eine Sechs.

3. Beim „Völkerball" muss man den Ball *spielen / werfen* und fangen.

4. Mit welchem *Spielzeug / Spielregeln* spielen deine Kinder gerne?

5. Du sitzt dauernd am Computer. Spiel doch mal was anderes als diese blöden
   Computerspiele / Schach.

6. Das Mädchen kämmt seine *Puppe / Teddy* und zieht ihr ein Kleid an.

Lernwörter			
der Akku, -s	basteln	zeichnen	erkennen
der Fotograf, -en	die Farbe, -n	die Schere, -n	die Kunst, ¨e
die Ausstellung, -en	das Spielzeug, -e	vergrößern	gewinnen
verlieren	fangen	werfen	das Computerspiel, -e
die Puppe, -n	der Teddy, -s		

L5 Veranstaltungen allgemein

Was passt? Kreuzen Sie an. Es gibt immer mehr als eine Lösung.

1. Die Veranstaltung ...
   - ☒ findet statt.
   - ☒ fällt aus.
   - ☒ ist gut besucht.

2. Karten gibt es ...
   - ☐ im Vorverkauf.
   - ☐ ausverkauft.
   - ☐ an der Abendkasse.

3. Ich möchte gerne Karten ...
   - ☐ bestellen.
   - ☐ kaufen.
   - ☐ reservieren.

4. Montags ist das Museum leider ...
   - ☐ geschlossen.
   - ☐ zu.
   - ☐ privat.

5. Ist die Galerie montags ...
   - ☐ auf?
   - ☐ frei?
   - ☐ geöffnet?

6. Hast du die ...
   - ☐ Tickets?
   - ☐ Eintrittskarten?
   - ☐ Eintritt?

7. Der Eintritt inklusive Führung durch die Ausstellung ist ...
   - ☐ sehr günstig.
   - ☐ sehr teuer.
   - ☐ frei.

8. Das Publikum ...
   - ☐ war begeistert.
   - ☐ applaudierte.
   - ☐ klatschte.

L6 In der Oper

Ergänzen Sie. Ordnen Sie die Buchstaben.

1. Warte kurz, ich möchte noch ein (marmPgor) _Programm_ kaufen.

2. Komm, lass uns die Jacken an der (redreboaG) _____ abgeben.

3. ● Wo sind unsere Plätze?   ○ (ehieR) _____ 9, in der (etMti) _____.

4. In der Pause waren vor den Toiletten lange (nnalhegcS) _____.

5. Hier können wir leider keinen Stuhl hinstellen, das ist der

   (gnatoNagsu) _____.

Lernwörter

die Veranstaltung, -en	privat	der Eintritt (Sg)	stattfinden
die (Abend-)Kasse, -n	das Publikum (Sg)	die Garderobe, -n	geschlossen sein
die Reihe, -n	der Notausgang, ⁻e	die (Warte-)Schlange, -n	die Galerie, -n
die Führung, -en			

L7 Musik und Konzerte

Ergänzen Sie. Achten Sie auf die korrekte Form.

> Note • Konzert • klassisch • Klavier • Instrument • Oper • Sängerin •
> Orchester • Musik • Musikgruppe

1. ● Spielt deine Tochter ein _Instrument_?   ○ Ja, _K_____.

2. Die Münchner Philharmoniker sind ein berühmtes _O_____.

3. ○ Wollen wir Ilse Eintrittskarten für ein _K_____ in der Philharmonie schenken?

   ● Ich weiß nicht, bist du dir sicher, dass sie _k_____ Musik mag?

4. „Die Zauberflöte" ist eine berühmte _O_____ von Wolfgang Amadeus Mozart.

5. ○ Weißt du, wie die _S_____ heißt?

   ● Nein, aber die _M_____ heißt „Silbermond".

6. In der Grundschule lernen die Schüler in der 3. Klasse _N_____ lesen.

7. Er hört zur Entspannung gerne klassische _M_____.

> Stimme • ausverkauft • Lied • Hit • Musiker • Ballett •
> Eintrittskarte • Band • Sitzplatz • Stehplatz • Zuschauer

8. „Rammstein" ist eine international bekannte deutsche _B_____.

9. Die Sängerin hat eine wunderschöne _St_____.

10. Meine Tochter möchte gerne _B_____ tanzen.

11. ● Hast du noch _E_____ für das Konzert bekommen?

    ○ Ja, aber nur _St_____. Die _S_____ waren

    schon _a_____.

12. Michael Jacksons _L_____ „Bad" war ein großer _H___.

13. Die _Z_____ klatschen lange Beifall für den noch

    unbekannten _M_____.

Lernwörter

das Instrument, -e	das Klavier, -e	das Orchester, -	das Konzert, -e
der Sänger, -	die Sängerin, -nen	das Lied, -er	die Band, -s
der Hit, -s	klassisch	der Stehplatz, ⸚e	der Sitzplatz, ⸚e
ausverkauft	berühmt	der Musiker, -	der Zuschauer, -

L8 Kultur und Veranstaltungsarten

Ordnen Sie die Silben und ergänzen Sie.

> öf • Kul • fent • lich • ~~gute~~ • tur • ~~Unter~~ • ~~halt~~ • Kunst • Li •
> te • Dis • ra • tur • kus • si • on • Ge • ~~ung~~ • schaft • sell

1. Ein anderer Ausdruck für den Wunsch „viel Vergnügen" ist: *gute Unterhaltung*

2. Geistige und künstlerische Leistungen nennt man: _____

3. Dinge tun oder schaffen, die einen ästhetischen Wert haben: _____

4. So nennt man z. B. Gedichte, Romane und Theaterstücke: _____

5. Gespräch über ein bestimmtes Thema: _____

6. So nennt man eine Veranstaltung, die für alle Menschen offen ist: _____

7. Ist eine Veranstaltung nicht für alle offen, nennt man das:

   geschlossene _____

L9 Theater

Ergänzen Sie. Achten Sie auf die korrekte Form.

> Theater • ~~Karriere~~ • bekannt • Vorstellung • Rolle • Handlung

1. Die *Karriere* vieler berühmter Filmschauspieler hat am _____ begonnen.

2. Das Schauspielhaus der Münchner Kammerspiele ist ein _____ Theater.

3. Kannst du Karten für die _____ besorgen?

4. Gustaf Gründgens ist bekannt in der _____ des Mephistopheles in Goethes Faust.

5. Nach Aristoteles sollte die _____ eines Theaterstücks nur einen

   Tag dauern.

Lernwörter

der Ausdruck, ⁃e	die Feier, -n	das Vergnügen (Sg)	die Unterhaltung, -en
die Kunst, ⁃e	das Ding, -e	schaffen	der Wert, -e
die Literatur, -en	der Roman, -e	das Theater, -	das Gedicht, -e
die Diskussion, -en	nennen	die Gesellschaft, -en	die Karriere, -n
bekannt			

L10 Kino

Ergänzen Sie. Achten Sie auf die korrekte Form.

> Schauspieler • DVD • Star • Hauptdarsteller • ~~anschauen~~ • ansehen • Film

1. ● Willst du dir den neuen James-Bond-Film _anschauen_?

   ○ Nein, den will ich mir nicht _____, aber meine Kinder.

2. Armin Mueller-Stahl und Til Schweiger sind bekannte

   deutsche _____.

3. Weißt du, in welchem Kino der _____ „Der Hobbit" noch läuft?

4. Kate Winslet und Leonardo DiCaprio sind die _____

   im Film „Titanic".

5. Ich schaue mir den Film nicht im Kino an, den gibt es doch bald auf _____.

6. Zum Filmfestival kamen viele _____.

L11 Bitte nicht lächeln: Regeln für Passbilder

Ergänzen Sie. Achten Sie auf die korrekte Form.

> Behörde • Höhe • ~~beantragen~~ • notwendig • beachten • kontrollieren •
> Aufnahme • Vorschrift • Millimeter • streng • vergleichen • speichern

Wer einen biometrischen Reisepass (1) _beantragt_, muss bei den Fotos eine Menge

(2) _____. Nach EU-(3) _____ muss das Passfoto

beispielsweise eine Frontal-(4) _____ mit neutralem Gesichtsausdruck

sein. Die (5) _____ des Gesichtes, in Deutschland 32 bis 36 (6) _____,

wird von den (7) _____ mit einer Schablone gemessen. Es wird auch

(8) _____, ob die Augen offen und auf gleicher Höhe sind. Die

(9) _____ Bildvorschriften sind wegen der automatisierten Gesichtserkennung

bei den Grenzkontrollen (10) _____. Denn bei Kontrollen

(11) _____ ein Computer die Bildinformationen, die auf dem Pass

(12) _____ wurden, mit dem Gesicht.

L

L12 **Denkmäler und Gebäude**

Ergänzen Sie.

Turm • Burg • Gebäude • Denkmal • Kirche • Schloss

1. die *Burg*
   Hohenzollern in
   Baden-Württemberg

2. der Fernseh_____
   in Berlin

3. das Wilhelm-Tell-
   _____
   im Kanton Uri in
   der Schweiz

4. das Hundertwasserhaus
   ist ein berühmtes
   _____ in Wien

5. die Frauen_____
   in München

6. das _____
   Neuschwanstein

Lernwörter

anschauen	ansehen	der Schauspieler, -	der (Haupt-)Darsteller, -
die DVD, -s	die Burg, -en	der Turm, ¨e	das Gebäude, -
das Denkmal, ¨er	beachten	beantragen	die Aufnahme, -n
die Höhe, -n	streng	kontrollieren	die Behörde, -n
vergleichen	speichern		

L13 Fußball

Ergänzen Sie. Achten Sie auf die korrekte Form.

> Tor • Gegner • stehen • Verein • Fußballstadion • Team • Training •
> Trainer • Spieler • Sportplatz • Mannschaft • Ergebnis • fit • schießen •
> siegen • führen • Spiel • Profi • trainieren • unentschieden

1. Das _Fußballstadion_ im Norden von München heißt Allianz Arena.

2. ● Für welche _M_____ ist denn dein Sohn?

   ○ Er ist für den FC Bayern.

3. ○ Na, wie war das _Sp_____?

   ● Simon ist stolz, er hat das einzige _T_____ geschossen.

4. Der deutsche _T_____ bei der Weltmeisterschaft 2014 war Joachim Löw.

5. Wir durften beim _T_____ der Fußball-Profis zuschauen.

6. Die Jugendlichen, die im _V_____ Fußball spielen, _t_____

   zweimal die Woche.

7. Wir trainieren jetzt nicht mehr in der Halle, sondern auf dem _Sp_____.

8. ● Ist der _Sp_____ ein Amateur?   ○ Nein, ein _P_____.

9. Wer hat das Tor zum 1:2 _gesch_____?

10. Ich finde, dass der neue Trainer ein gutes _T_____ zusammengestellt hat.

11. Die _G_____ sind stark. Ich glaube, wir werden nicht _s_____.

12. ○ Ich habe nicht aufgepasst, wie _st_____ es?   ● Werder Bremen _f_____ 3:1.

13. Der Trainer war mit dem _E_____ sehr zufrieden, obwohl die Mannschaft

    _u_____ gespielt hatte.

14. Die Spieler haben viel trainiert. Sie sind jetzt alle _f____.

Lernwörter

der Verein, -e	das Tor, -e	schießen	die Mannschaft, -en
der Spieler, -	der Sportplatz, ⸚e	die Halle, -n	das Stadion, Stadien
der Trainer, -	das Training, -s	trainieren	das Team, -s
der Gegner, -	das Ergebnis, -se	fit	führen
(es) stehen	siegen		

L14 Klub und Verein

Ergänzen Sie. Achten Sie auf die korrekte Form.

> Klub • Fahrgemeinschaft • ab und zu • Sport treiben • Verein •
> Mitglied • treffen • Versammlung

1. Bist du *Mitglied* im Verein?

2. Wer schreibt die Einladung für die nächste _____?

3. Ich möchte nicht Mitglied im _____ werden. Ich möchte nur ____ _____ __

   mit meinem Mann Tennis spielen.

4. Wir _____ uns beim Vereinsheim und fahren dann in

   _____ zum Spiel.

5. Ich bin nicht Mitglied in einem _____. Ich _____ _____ bei

   der Volkshochschule.

L15 Radio und Fernsehen

Wie heißen die Verben? Ergänzen Sie.

1. *der Fernseher*:   Viele Kinder und Jugendliche *sehen* zu viel *fern*.

2. *die Sendung*:   Ich glaube, der Beitrag wird live _____.

3. *der Hörer*:   Unsere Familie _____ morgens immer Radio.

4. *der Zuschauer*:   Das Fußballspiel ist langweilig. Ich mag nicht mehr

   _____.

5. *die Sprecherin*:   Ich arbeite beim Rundfunk und _____ dort die Nachrichten.

6. *die Aufnahme*:   Wir haben das Interview vor der Sendung _____.

7. *der Empfang*:   Den Sender kann ich nicht _____, wir haben keinen

   Kabelanschluss.

Lernwörter

der Verein, -e	Sport treiben	der Zuschauer, -	aufnehmen
empfangen	der Anschluss, ¨-e	das Interview, -s	die Nachricht, -en
die Versammlung, -en	ab und zu	die (Fahr-)Gemeinschaft, -en	das Mitglied, -er

L16 Unterhaltungselektronik

Ergänzen Sie. Achten Sie auf die korrekte Form.

> das Fernsehgerät • der Lautsprecher • die Fernbedienung •
> der Radioapparat • der CD-Player • der Bildschirm

1. *das Fernsehgerät*   2. _____   3. _____

4. _____   5. _____   6. _____

L17 Bloggen, chatten, googeln

Ergänzen Sie. Achten Sie auf die korrekte Form

> Blog • bloggen • Chatroom • chatten • googeln • twittern • User • Follower

1. Die bekannteste Internetsuchmaschine ist *Google*. Deshalb sagt man: Wer im

   Internet sucht, der *googelt*.

2. _____ ist, wenn Menschen im Internet in einem _____

   kommunizieren.

3. Bei vielen _____ kann man zu den Einträgen Kommentare verfassen oder

   Fragen stellen und die Person bzw. Institution, die _____, kann antworten.

4. Im Deutschen wird statt des Wortes „Benutzer" oft das Wort _____ verwendet.

5. Twitter ist ein Internetdienst. Dort kann man _____, d. h. kurze Texte

   veröffentlichen. Wer lesen will, was andere twittern, muss sich als _____

   eintragen.

L18 Fernsehsendungen

Ergänzen Sie. Achten Sie auf die korrekte Form.

Bericht • Spielfilm • ~~Sender~~ • Serie • privat • Werbung • Krimi •
Studio • Wetterbericht • Nachrichtensendung

1. Welche *Sender* siehst du gerne?

2. Ich mag keine _____ auf _____ Sendern anschauen, weil

   mich die vielen Pausen für die _____ stören.

3. Im deutschen Fernsehen gibt es eine _____ für

   Kinder. Sie heißt „logo!".

4. Ich möchte den _____ sehen, schaltest du bitte um?

5. Dieses _____ finde ich langweilig, komm schalte um auf den _____.

6. Wir schalten jetzt live in unser _____ nach Washington.

7. Dieser _____ kommt leider sehr spät, da schlafe ich schon.

Lernwörter

der Blog, -s	bloggen	der Chat(room), -s
chatten	googeln	twittern
der User, -	das (Fernseh-)Gerät, -e	der CD-Player, -
der (Radio-)Apparat, -e	der Lautsprecher, -	der Sender, -
die Fernbedienung, -en	der Krimi, -s	die Serie, -n
die Sendung, -en	der Wetterbericht, -e	der Bericht, -e
das Studio, -s	der Bildschirm, -e	die Werbung, -en
privat		

L19 Literatur und Journalismus

Silbenrätsel. Bilden Sie die passenden Wörter.

> HAND • IN • TI • SCHEN • BUCH • BÜ • HALT • LUN •
> GEN • TA • CHE • REI • DICH • BUCH • STEL • SCHRIFT • TER •
> LER • NA • TEL • JOUR • LIST

1. Geschäfte, in denen man Bücher kaufen kann, nennt man *Buchhandlungen*.

2. Den Roman gibt es jetzt auch als T_____, da ist er billiger.

3. In vielen Schulen gibt es eine B_____, in der man Bücher ausleihen kann.

4. Andere Wörter für „Autor" sind D_____ oder *Sch*_____.

5. Das, was in einem Buch oder Text gesagt wird, nennt man Aussage oder I_____.

6. Den Namen eines Buches nennt man T_____.

7. Wer für Zeitungen, Zeitschriften und andere Medien Artikel schreibt,

   ist ein J_____.

L20 Der Krimi ist spannend

Ergänzen Sie das Gegenteil. Ordnen Sie die Buchstaben.

1. Der Krimi ist langweilig. ↔ Der Krimi ist (dnnaenps) *spannend*.

2. Die Autorin ist unbekannt. ↔ Die Autorin ist (aktnneb) _____.

3. Der Umschlag ist schön. ↔ Der Umschlag ist (ilshcsäh) _____.

4. Der Text ist lustig. ↔ der Text ist (nrtse) _____.

5. Das Buch ist total schlecht. ↔ Das Buch ist (pures) _____.

6. Die Anzeige ist gut. ↔ Die Anzeige ist (elhtchcs) _____.

Lernwörter			
der Dichter, -	der Schriftsteller, -	der Autor, -en	die Buchhandlung, -en
die Bücherei, -en	der Inhalt, -e	spannend	bekannt
super	ernst	lustig	hässlich
die Anzeige, -n	der Artikel, -	der Journalist, -en	

M Politik und Gesellschaft

M1 Aktuelle Ereignisse und Schlagzeilen

Ergänzen Sie. Achten Sie auf die korrekte Form.

> Lage • Schlagzeile • Information • Neuigkeit • kritisch • gefährlich •
> ~~Nachrichten~~ • Katastrophe • Unglück • ernst • aktuell • Gleichberechtigung

1. Mach mal die *Nachrichten* an. Es ist ein schreckliches _____ passiert.

2. In Syrien ist das Leben momentan sehr _____.

3. Die _____ im Krisengebiet ist sehr _____, die UNO versucht zu vermitteln.

4. Schaust du mal im Internet die _____ Meldungen nach?

5. Am Weltfrauentag gab es Demonstrationen für _____.

6. Sein Gesundheitszustand ist immer noch _____.

7. ● Gibt es _____ zu dem verschwundenen Flugzeug?

   ■ Nein, es gibt immer noch keine neuen _____.

8. ● Das „Royal Baby" ist schon wieder mit Foto in den _____!

   ■ Was hast du denn, ich mag nicht immer nur über Unglücke und

   _____ lesen. Ist es nicht süß!

M2 Politik allgemein

Was passt? Kreuzen Sie an.

1. Man kann einen Kompromiss ...   ☒ suchen.   ☒ finden.   ☐ lösen.
2. Man kann Änderungen ...   ☐ wollen.   ☐ fordern.   ☐ verlangen.
3. Man kann ein Problem ...   ☐ lösen.   ☐ sich einigen.   ☐ loben.
4. Man kann Reformen ...   ☐ machen.   ☐ fordern.   ☐ helfen.

Lernwörter

ernst	gefährlich	das Unglück, -e	die Nachricht, -en
die Lage (Sg)	die Neuigkeit, -en	kritisch	der Kompromiss, -e
lösen	fordern	verlangen	die Reform, -en
kritisch	sich einigen	die Gleichberechtigung (Sg)	

M3 Demokratie

Ergänzen Sie. Achten Sie auf die korrekte Form.

> übertragen • auf Zeit • Vertreter • Staat •
> vertreten • geheim • zwingen • Recht • Wahl • Bürger • Politiker •
> Demokratie • wählen • Volk • Regel

Die Staatsform, in der nicht nur ein Einzelner oder einige Wenige

über die (1) *Regeln* bestimmen, nach denen gelebt wird, sondern

das (2) *V_____*, nennt man (3) *D_____*. Die Idee ist,

dass jeder (4) *B_____* das (5) *R_____* hat, mitzubestimmen,

was in seinem Land passiert. In demokratischen (6) *S_____*

wählen die Bürger (7) *P_____*, die sie und ihre Meinung

(8) *v_____*. Wichtig ist, dass die (9) *W_____* in einer Demokratie

(10) *g_____* und frei sind, d. h., niemand kann einen Bürger dazu (11) *z_____*,

eine bestimmte Person zu (12) *w_____*. Das Volk (13) *ü_____* demnach

die Staatsgewalt an gewählte (14) *V_____*. Diese sind nur (15) *a____ Z____*

gewählt.

M4 Das deutsche Wahlsystem (1)

Unterstreichen Sie das passende Wort.

1. Alle Bürger mit deutschem Pass dürfen ab 18 Jahren *wählen / verlieren*.
2. In Deutschland wird alle *vier / drei* Jahre gewählt.
3. Die Wähler geben die Erststimme einem Kandidaten aus ihrem Wahlkreis,
   der sie *vertreten / vorschlagen* soll.
4. Mit der Zweitstimme wählen die Bürger *ein Parteiprogramm / eine Partei*.
5. Mit der Zweitstimme wird *entschieden / abgezählt*, wie viele Sitze eine Partei
   im Bundestag bekommt.

Lernwörter			
das Volk, ¨er	der Bürger, -	der Staat, -en	die Demokratie, -n
das Recht, -e	vertreten	zwingen	geheim
wählen	die Wahl, -en	abstimmen	verlieren
gewinnen	das Parteiprogramm, -e	die Partei, -en	(sich) entscheiden
abgeben			

M5 Das deutsche Wahlsystem (2)

Unterstreichen Sie das passende Wort.

1. Eine Partei braucht 5 Prozent der abgegebenen _Stimmen_ / _Vorschläge_, um in den Bundestag zu kommen.

2. Die Partei, die die _Mehrheit_ / _Minderheit_ im Bundestag hat, stellt den Bundeskanzler. Wenn keine Partei die Mehrheit hat, dann können zwei Parteien eine Koalition bilden, um die _Regierung_ / _Volksabstimmung_ zu stellen.

3. In Deutschland gibt es keine _Armee_ / _Wahlpflicht_.

4. In zehn Bundesländern dürfen Bürger ab 16 Jahren bei der Kommunalwahl mit _abstimmen_ / _dagegen sein_.

5. Die Teilnahme an allen Wahlen in Bund, Ländern und Gemeinden ist _freiwillig_ / _kritisch_.

M6 Reform – reformieren

Wie lauten die Verben?

1. der Protest   →   _protestieren_ _____

2. das Lob   →   _____

3. die Demonstration   →   _____

4. der Streik   →   _____

5. die Reform   →   _____

6. die Verhandlung   →   _____

7. die Kritik   →   _____

Lernwörter

der Bundeskanzler, -	die Volksabstimmung, -en	die (Wahl-)Pflicht, -en	die Armee, -n
die Mehrheit, -en	die Minderheit, -en	die Stimme, -n	dagegen sein
der Protest, -e	protestieren	die Reform, -en	loben
die Demonstration	demonstrieren	der Streik, -s	streiken
der Bund (Sg)	der Vorschlag, ⸚e		

M7 Das politische System der Bundesrepublik Deutschland

Ordnen Sie zu.

1. Wer wählt den Bundeskanzler bzw. die Bundeskanzlerin?

2. Welche Aufgaben hat der Bundeskanzler?

3. Welche Aufgaben hat der Bundespräsident?

4. Was machen Minister und Ministerinnen?

5. Was ist der Bundesrat?

6. Wer ist der mächtigste Politiker, der Bundespräsident oder der Bundeskanzler?

7. Wer ist die Bundesregierung?

a) Die Hauptaufgabe des Bundeskanzlers ist es, gemeinsam mit den Ministern zu regieren.

b) Der Bundeskanzler ist die mächtigste Person.

c) Das Team, das Deutschland regiert: der Bundeskanzler und seine Ministerinnen und Minister.

d) Die Abgeordneten des Deutschen Bundestages wählen den Bundeskanzler.

e) Er vertritt die Bundesrepublik Deutschland. Seine Hauptaufgabe ist das Repräsentieren.

f) Sie entwerfen Gesetze, über die der Bundestag abstimmt.

g) Die Vertretung der sechzehn deutschen Bundesländer.

1.	2.	3.	4.	5.	6.	7.
d)						

M8 Parteien in Deutschland: SPD

Ergänzen Sie die Vokale.

Die SPD ist die älteste Partei Deutschlands. Die (1) ursprünglichen Ziele der Partei waren, mehr Rechte und bessere Arbeitsbedingungen für die (2) __rb___t__r zu schaffen. Weitere wichtige (3) Z____l__ der Partei sind, mehr soziale (4) G__r__cht_gk___t zu erreichen, die Familien zu (5) __nt__rst__tz__n und für einen Ausbau des (6) S__z____lsyst__ms zu kämpfen.

Lernwörter			
regieren	wählen	gemeinsam	das Gesetz, -e
der Bundespräsident, -en	das Amt, ¨er	der Minister, -	das Bundesland, ¨er
der Bundestag, -e	schaffen	ursprünglich	zuständig
die Gerechtigkeit, -en	beraten	kämpfen für	erreichen
die (Arbeits-)Bedingung, -en	politisch	unterstützen	das Ziel, -e

M

M9 Parlament, Regierung, Parteien

Ordnen Sie zu. Achten Sie auf die korrekte Form.

> zustimmen • Amt • Mehrheit • Bundeskanzlerin • Innenminister •
> Außenminister • K̶ö̶n̶i̶g̶i̶n̶ • zuständig • Parlament • SPD • CSU •
> CDU • Partei • abstimmen • beraten

1. Das Staatsoberhaupt von England ist eine *Königin*: Queen Elizabeth II.

2. Der _____ kümmert sich um die Beziehung zu anderen

   Ländern.

3. Der _____ ist für die Ordnung im Land und für die Polizei

   _____.

4. In Österreich und in der Schweiz heißt das _____ „Nationalrat".

5. Die deutsche _____ Angela Merkel ist die erste Frau

   in diesem _____.

6. Das Parlament _____ über die Gesetzesvorschläge der Regierung.

7. In der Bundesrepublik Deutschland _____ der Bundestag über Gesetze ____.

   Wenn die _____ dem Gesetz zustimmt, wird das Gesetz angenommen.

   Bei Gesetzen, die das Grundgesetz betreffen, muss aber auch noch der Bundesrat

   _____.

8. Starke deutsche _____ sind die _____ (Christlich Demokratische Union),

   _____ (Christlich Soziale Union), _____ (Sozialdemokratische Partei Deutschlands),

   DIE GRÜNEN und DIE LINKE.

M10 Parteien in Deutschland: CDU/CSU und DIE GRÜNEN

Ergänzen Sie die Vokale.

Die CDU und die CSU wurden 1945 (1) gegründet. Die CDU ist in allen

(2) B__nd__sl__nd__rn vertreten, nur in Bayern nicht, dort gibt es die CSU. Im

Bundestag arbeiten CDU und CSU zusammen. Das (3) Pr__gr__mm der CDU ist den

Grundgedanken des (4) chr__stl__ch__n Glaubens (5) v__rpfl__cht__t, die Partei vertritt

eine (6) k__ns__rv__t__v__ Richtung in der Politik. Wichtige Ziele der Partei sind z.B., dass

(7) __nt__rnehm__n gestärkt werden und der (8) St____t wenig (9) Sch__ld__n macht.

Wichtige Themen der GRÜNEN sind der (10) __mw__ltsch__tz und das (11) fr____dl__ch_

Zusammenleben von Menschen aus verschiedenen (12) K__lt__r__n in einer

multikulturellen (13) G__s__llsch__ft. DIE GRÜNEN (14) __ntst__nden 1980 unter anderem

aus der Friedens- und der Anti-Atomkraft-Bewegung.

M11 Lebensverhältnisse

Ergänzen Sie.

> durchschnittlich • unterstützen • Unterstützung • ~~sozial~~ •
> niedrig • gerecht • arm • fair

1. Es gibt *soziale* Probleme in diesem Wohnviertel. Viele Menschen sind arbeitslos

   und viele Rentner haben _____ Renten (A: Pensionen).

2. Wer arbeitslos wird, erhält _____ in Form von Arbeitslosengeld.

3. Ich kaufe wenn möglich Fair-Trade-Produkte, um den _____ Handel von

   Waren zu _____, denn leider ist der Handel oft nicht _____.

4. Als _____ gilt, wer weniger als 60 % des _____

   Einkommens in einem Land zur Verfügung hat.

Lernwörter			
gründen	verpflichtet sein	die Schulden (Pl)	das Bundesland, ¨-er
der Staat, -en	entstehen	unter anderem	arbeitslos
sozial	die Unterstützung	fair	durchschnittlich
die Gesellschaft, -en	arm		

M

M12 Internationale Organisationen: Die UNO

Ergänzen Sie. Achten Sie auf die korrekte Form.

> regelmäßig • schicken • lösen • kämpfen • Konflikt • Organisation • Rolle •
> ~~Mitglied~~ • Frieden • Gegner • Lösung • Streit • Krieg • Soldat • Vorschlag

Fast alle Länder der Welt sind (1) *Mitglied* der UNO. Das wichtigste Ziel dieser

(2) _____ ist, den (3) _____ zu sichern. Die Mitglieder treffen

sich deshalb (4) _____, um über (5) _____ in der Welt zu

sprechen und (6) _____ dafür zu suchen. Eine wichtige (7) _____ spielt

dabei der Generalsekretär. Er versucht zwischen den Ländern, die gegeneinander

(8) _____ führen, zu vermitteln und macht (9) _____, wie man den

Konflikt (10) _____ könnte. Manchmal (11) _____ die UNO auch Soldaten

in Länder, in denen es Krieg gab. Die sogenannten (12) Blauhelm-_____

sollen dann aber nicht (13) _____, sondern helfen, dass nicht wieder

(14) _____ und Krieg zwischen den früheren (15) _____ ausbricht.

M13 Kindersoldaten

Ergänzen Sie. Achten Sie auf die korrekte Form.

> Soldat • Waffe • töten • schießen • ~~schätzen~~ • weltweit • einsetzen • militärisch

Es wird (1) *geschätzt*, dass es (2) _____ mehr als 300 000 Kindersoldaten

gibt. Anstatt zur Schule zu gehen, müssen diese Kinder als (3) _____ Menschen

(4) _____. Bevor die Kinder im Krieg (5) _____ werden, müssen sie

ein (6) _____ Training absolvieren, bei dem sie den Umgang mit

(7) _____ lernen, und lernen, auf Menschen zu (8) _____.

Lernwörter

das Mitglied, -er	die Organisation, -en	regelmäßig	der Konflikt, -e
die Lösung, -en	lösen	der Gegner, -	das Ziel, -e
der Krieg, -e	kämpfen (für/gegen)	der Vorschlag, ¨e	der Streit (Sg)
töten	schießen	einsetzen	schätzen
weltweit	militärisch		

M14 Papa, was heißt eigentlich Wirtschaft?

Ergänzen Sie. Achten Sie auf die korrekte Form.

> Bereich • produzieren • ~~kompliziert~~ • Autoindustrie • Versicherung •
> Handel • Landwirtschaft • Nahrungsmittelindustrie

Oh, das ist ein bisschen (1) _kompliziert_. Alle (2) B_____, in denen

Menschen etwas leisten, nennt man Wirtschaft. Wenn Menschen arbeiten,

(3) p_____ sie oft etwas, z. B. Brot, Autos oder Handys. Zur Wirtschaft

gehören aber auch Tätigkeiten, bei denen nichts produziert wird: (4) H_____,

Verkehr, (5) V_____, Verwaltung usw. Einzelne Bereiche der

Wirtschaft sind zum Beispiel die (6) L_____, die Bauwirtschaft, die

(7) A_____ und die (8) N_____.

M15 Wirtschaft allgemein

Ergänzen Sie. Achten Sie auf die korrekte Form.

> Forschung • Energie • Zins • ~~Nachfrage~~ • finanziell • Produkt • Ware •
> Angebot • Konkurrenz • entwickeln • eröffnen • reduzieren • Markt

1. In der Wirtschaft regelt die _Nachfrage_ das _____. Je mehr Menschen ein

   _____ haben wollen, desto mehr wird von dieser _____ produziert.

2. Hier wird ein neuer Baumarkt _____, dann bekommt der alte Baumarkt

   _____.

3. Seit der Wirtschaftskrise haben viele Bürger _____ Probleme.

4. Aktuell sind die _____ für Kredite niedrig.

5. Der Verbrauch an _____ nimmt zu. Das Ziel ist, den Verbrauch

   zu _____.

6. Mein Mann arbeitet in der _____. Die Firma hat ein neues Produkt

   _____.

7. Der _____ für Bioprodukte wächst.

M

M16 Was bedeutet Nachhaltigkeit?

Ergänzen Sie. Achten Sie auf die korrekte Form.

> Umwelt • Entwicklung • zukünftig • ~~Ausdruck~~ • kommen aus •
> fordern • Region • Generation • wirtschaftlich

Der (1) *Ausdruck* „Nachhaltigkeit" (2) k_____ ursprünglich _____ der Forstwirtschaft.

Vor ca. 300 Jahren hat Carl von Carlowitz (3) *gef*_____, dass im Wald nur so viele

Bäume gefällt werden sollen, wie wieder nachwachsen. Nachhaltigkeit meint heute, dass

wir nicht auf Kosten (4) z_____ (5) G_____ und auf Kosten

anderer (6) R_____ der Welt leben sollen. Nachhaltige (7) E_____

bedeutet, dass die (8) U_____ gleichberechtigt ist gegenüber sozialen und

(9) w_____ Gesichtspunkten.

M17 Gewinn und Verlust

Ergänzen Sie das Gegenteil, Substantive bitte mit Artikel.

1. der Gewinn   *der Verlust* (STLUVER)

2. der Export   _____ (RTIMOP)

3. exportieren   _____ (ERIMTIENPOR)

4. die Preise steigen   die Preise _____ (LENFAL)

5. der Handel wird zunehmen   der Handel wird _____ (AEHBENNM)

Lernwörter

die Nachfrage, -n	kompliziert	produzieren	die Wirtschaft (Sg)
der Bereich, -e	die Industrie, -n	der Verkehr (Sg)	die Verwaltung, -en
das Produkt, -e	die Konkurrenz (Sg)	eröffnen	entwickeln
die Energie, -n	das Ziel, -e	der Markt, ⁻e	die Entwicklung, -en
der Gewinn, -e	abnehmen	wachsen	gleichberechtigt
fordern	zukünftig	die Generation, -en	steigen
die Umwelt (Sg)	der Ausdruck, ⁻e	fallen	

Teil 2 **Grammatik**

N Verben

NO Mehr als eine Reise

Ergänzen Sie die Verben in Klammern in der korrekten Form im Präsens.

Lena (1) *will* (wollen) übers Wochenende zu ihrer Freundin nach Hamburg fahren.

Gleich nach der Arbeit (2) _____ (nehmen) sie ein Taxi zum Bahnhof. Sie

(3) _____ (haben) eine Stunde Zeit, um 19 Uhr (4) _____ ihr Zug ____ (abfahren).

Doch es (5) ____ (sein) zu viel Verkehr und ihr Taxi (6) _____ (stehen) im Stau.

Nervös (7) _____ (fragen) Lena den Taxifahrer: „Was (8) _____ (denken)

Sie, wie lange (9) _____ (brauchen) wir noch zum Bahnhof?" Dieser

(10) _____ (antworten): „Wenn Sie in Eile (11) _____ (sein),

(12) _____ Sie lieber hier _____ (aussteigen) und (13) _____ (gehen)

Sie durch den Park, dann (14) _____ (kommen) Sie schneller zum Bahnhof.

Lena (15) _____ (geben) ihm das Fahrgeld und (16) _____ (laufen) mit ihrem

Rucksack durch den Park. Dabei (17) _____ (fallen) ihr Geldbeutel aus der

Jackentasche, doch sie (18) _____ (bemerken) es nicht. Ein junger Mann

(19) _____ den Geldbeutel _____ (aufheben) und (20) _____ (folgen) ihr.

Kurz vor dem Fahrkartenschalter (21) _____ er sie ____ (ansprechen): „Ich

(22) _____ (glauben), du (23) _____ (brauchen) den hier, wenn du eine

Fahrkarte kaufen (24) _____ (möchten)!" Erschrocken (25) _____ Lena

ihn ____ (ansehen) und (26) _____ (rufen): „Woher (27) _____ (haben) du meinen

Geldbeutel?" Der junge Mann (28) _____ (erklären) ihr alles und Lena

(29) _____ (danken) ihm sehr. Dann (30) _____ (verabschieden)

sie sich von ihm und (31) _____ (wollen) ihre Zugfahrkarte kaufen, doch Lena

(32) _____ (gefallen) dem jungen Mann und er (33) _____ (fragen):

„(34) _____ (dürfen) ich dich zum Bahnsteig begleiten?"

Ergänzen Sie die Verben in Klammern im Perfekt.

Lena ist bei ihrer Freundin in Hamburg angekommen und erzählt von ihrer Reise.

- ■ Stell dir vor, ich (35) *habe* einen wirklich netten Typen *kennengelernt* (kennenlernen)!

- ● Ach, wirklich? (36) _____ du mit ihm im selben Zugabteil _____(sitzen)?

- ■ Nein, noch am Bahnhof! Also, gleich nach der Arbeit (37) _____ ich ein Taxi zum

  Bahnhof _____ (nehmen). Ich (38) _____ (haben) eine Stunde Zeit,

  denn um 19 Uhr (39) _____ mein Zug _____ (abfahren).

  Doch es (40) _____ (sein) zu viel Verkehr und mein Taxi (41) _____ im Stau

  _____ (stehen).

- ● Oje, was für ein Stress! Was (42) _____ du _____ (machen)?

- ■ Ich (43) _____ _____(aussteigen) und durch den Park zum

  Bahnhof (44) _____ (laufen). Dabei (45) _____ mein Geldbeutel aus

  der Jackentasche _____ (fallen), doch ich (46) _____ es nicht

  _____ (bemerken).

- ● Meine Güte! Was (47) _____ dann _____ (passieren)?

- ■ Kurz vor dem Fahrkartenschalter (48) _____ mich ein junger Mann

  _____ (ansprechen). Ich (49) _____ zuerst

  _____ (erschrecken), doch er (50) _____ mir _____ (erklären),

  wie er im Park (51) _____ _____ (sehen), dass ich den Geldbeutel

  (52) _____ _____ (verlieren). Er (53) _____ ihn gleich

  _____ (aufheben) und ihn mir (54) _____ (zurückbringen).

- ● Oh, das ist aber richtig nett! Und – (55) _____ er dir _____ (gefallen)?

- ■ Hm, ja! Er (56) _____mich dann noch zum Bahnsteig _____ (begleiten)

  und nach meiner Telefonnummer (57) _____ (fragen) ...

- ● Und, (58) _____ du sie ihm _____ (geben)?

- ■ Ja, und wir (59) _____ schon auf der Zugfahrt stundenlang

  _____ (telefonieren). Für Montagabend (60) _____ ich ihn

  zum Essen _____ (einladen)!

N

Das kann ich schon: Verben im Perfekt

Tipp ....

Wann brauche ich Perfekt, wann Präteritum?
Präteritum: in schriftlichen Berichten und Erzählungen / in mündlichen sachlichen
Berichten und Monologen / immer bei Modalverben und bei *sein* und *haben*
Perfekt: in mündlichen Erzählungen und in Dialogen (außer *sein, haben* und
Modalverben!)

....

N1 **Dichter gesucht!**

Bilden Sie von den folgenden Verben das Präteritum und ordnen Sie die
Formen nach Stammvokalen in Gruppen.

5. *e → a*   3. *ei → ie*

6. *a → u*   *fand*

2. *ie → o*   1. *i → a*

4. *ei → i*

singen • ziehen •
schlagen • finden •
schneiden • geschehen •
tragen • essen • springen •
schreiben • lesen •
gelingen • schließen • sehen •
streiten • bleiben • fliegen •
leihen • frieren • schreien •
verlieren • fließen

Tipp ....

Lernen Sie die Präteritum-Formen in Gruppen mit denselben Vokal-Veränderungen!
Auch kleine Reime helfen beim Merken, z. B.: *... und er sah, was dann geschah!*

....

N2 Wie war das bei dir zu Hause?

Ergänzen Sie die fehlenden Verben in der richtigen Form.

müssen • müssen • müssen • müssen • dürfen • dürfen • dürfen •
können • können • können • sollen • wollen • wollen • wollen •
sein • sein • sein • sein • sein • sein • sein • haben • haben • haben

Annette und Thomas sind frisch verliebt und erzählen sich von ihrer Kindheit und Jugend.

● _Musstest_ (1) du als Kind viel im Haushalt helfen?

■ Eigentlich nicht. Ich _____ (2) mein Zimmer aufräumen und ein bisschen in der Küche helfen, aber alles andere _____ (3) nicht meine Sache.

● Da _____ (4) du aber Glück! Ich _____ (5) nur zum Spielen gehen, wenn ich mit meiner Arbeit fertig _____ (6). Ich _____ (7) nach dem Kochen immer die Küche aufräumen und alle zwei Tage das Bad putzen.

■ Ja, mein Vater _____ (8), dass ich ihm im Garten helfe, aber ich _____ (9) keine Lust. _____ (10) du denn am Wochenende ausgehen?

● Ja, Samstagabend. Aber ich _____ (11) um Mitternacht zu Hause sein. Und du?

■ Das _____ (12) meinen Eltern egal. Hauptsache, ich _____ (13) am nächsten Morgen nicht zu spät am Frühstückstisch! Der Spruch von meiner Mutter _____ (14) immer: „Wer feiern kann, kann auch aufstehen!"

● Stimmt eigentlich ...

■ Was _____ (15) du während deiner Schulzeit werden?

● Ich _____ (16) Tiermedizin studieren, aber meine Noten _____ (17) zu schlecht. Ich _____ (18) keinen Studienplatz bekommen. Deshalb _____ (19) mein Vater den Plan, dass ich eine Banklehre machen _____ (20).

■ Aber wie _____ (21) du dann doch Tierarzt werden?

● Ich _____ (22) im Ausland und _____ (23) dort studieren. Es _____ (24) für mich einfach kein anderer Beruf sein!

Das kann ich schon: Modalverben im Präteritum / *sein* und *haben* im Präteritum

N3 Urgroßmutters Erzählungen

Ergänzen Sie die fehlenden Verben im Präteritum.

Ja, ja, früher war alles besser ...

1. Jeden Winter _gab_ es viel Schnee. Heute gibt es nur noch manchmal Schnee

   im Winter.

2. Die Kinder _____ immer höflich. Heute grüßen die Kinder nicht mehr

   oder rufen nur „Hallo!"

3. In der Straßenbahn _____ die Herren immer _____, wenn eine Dame

   _____, und _____ ihr den Sitzplatz ____. Heute stehen die Herren nicht mehr

   auf, wenn eine Dame kommt, und bieten ihr nicht mehr den Sitzplatz an.

4. Früher _____ Mann und Frau erst zusammen, wenn sie verheiratet

   _____. Heute leben Mann und Frau oft schon zusammen, wenn sie noch

   nicht verheiratet sind.

5. Damals _____ wir lange Briefe. Heute schreibt man sich nur noch

   kurze E-Mails.

6. Früher _____ wir nur manchmal ins Kino und _____ dort schöne Filme.

   Heute sieht man zu Hause jeden Abend Filme im Fernsehen oder geht oft ins Kino.

7. Wir _____ damals viel Rad und _____ oft zu Fuß. Heute fahren die

   Jugendlichen U-Bahn und Bus oder haben ein Motorrad. Niemand geht zu Fuß.

8. Früher _____ die jungen Frauen hübsche Kleider und Röcke, doch heute

   tragen sie immer nur Jeans und T-Shirts.

9. Die Menschen _____ sich früher gegenseitig, aber heute hilft einem

   keiner mehr.

10. Und die Männer _____ mir früher viel besser! Heute gefallen sie mir

    nicht mehr so gut ...

Tipp ....

Pluralbildung

Wie auch bei den Modalverben sind im Präteritum die 1. und die 3. Person Singular
immer gleich: *ich ging – er ging / ich machte – er machte*

....

N4 Hermann Hesse – ein Schriftstellerleben

Ergänzen Sie die Verben im Präteritum.

> wohnen • bleiben • schreiben • beantworten • sein • zurückziehen •
> herausgeben • werden • kommen • veröffentlichen • leben • verschicken •
> besuchen • sein • sterben • lernen • weglaufen • wollen • folgen •
> heiraten • beginnen • bekommen • schaffen

Kennen Sie „Siddharta" oder „Der Steppenwolf"? Diese Bücher von Hermann Hesse

wurden (1) in der ganzen Welt berühmt.

Hermann Hesse _____ (2) am 2. Juli 1877 in Calw (Württemberg) zur Welt. Er

_____ (3) in Deutschland und in der Schweiz die Schule. Mit 14 Jahren

_____ (4) er im evangelisch-theologischen Seminar im Kloster Maulbronn, aus

dem er ein Jahr später _____ (5). Er _____ (6) nur Dichter werden.

Nun _____ (7) eine Zeit von großen Konflikten mit den Eltern und starken

psychischen Problemen, bis er eine Lehre als Buchhändler _____ (8).

Bereits als Jugendlicher _____ (9) er Gedichte und Märchen und mit 23 Jahren

_____ (10) er sein erstes Buch. Ab 1904 _____ (11) er als

freier Schriftsteller und _____ (12) seine erste Frau, später _____ (13)

er noch zweimal verheiratet.

Während des Ersten Weltkriegs _____ (14) Hesse Bücher an deutsche

Kriegsgefangene und _____ eine Zeitschrift für sie _____ (15). Er _____ (16) ein

Kriegsgegner und _____ sich ins Tessin _____ (17). Dort _____ (18) er

mit anderen Künstlern auf dem „Monte Veritá". Er _____ (19) bis zu seinem

Lebensende im Tessin. Im Alter _____ (20) Hesse keine größeren Werke mehr, aber

er _____ (21) von seinen Lesern unglaublich viele Briefe, circa 35 000. Einen

großen Teil davon _____ (22) er persönlich. Am 9. August 1962

_____ (23) Hermann Hesse in Montagnola im Tessin.

> **Tipp** ....
>
> Wenn Sie sich für Hesses Werke interessieren, beginnen Sie doch mit einem Gedicht!
> „Im Nebel" können Sie sicherlich schon verstehen.
> ....

N5 Was war hier vorher passiert?

Bitte ordnen Sie die passenden Sätze einander zu.

1. Ein junger Mann stand mit einem Pyjama bekleidet auf der Straße.

2. Ein Baum lag über dem Gleis und der Zug musste anhalten.

3. Eine Frau führte einen Elefanten durch die Stadt.

4. Ein alter Herr rief die Feuerwehr um Hilfe.

5. Im Café saß ein junger Mann am Tisch und schlief.

6. Aus dem Eingang der Universität lief eine junge Frau. Sie sang und lachte.

7. Ein kleines Mädchen stand im Kaufhaus und weinte.

a) Er war bei einer Zirkusshow weggelaufen.

b) In der Nacht davor hatte er nur zwei Stunden geschlafen.

c) Sie hatte ihre Mutter verloren.

d) Er hatte die Zeitung aus dem Briefkasten geholt und die Tür war hinter ihm ins Schloss gefallen.

e) Seine Katze war auf einen hohen Baum geklettert und kam allein nicht mehr herunter.

f) In der Nacht hatte es stark gestürmt.

g) Gerade hatte sie ihre Diplomprüfung bestanden.

1.	2.	3.	4.	5.	6.	7.
d)						

Tipp ....

Wann brauche ich das Plusquamperfekt?
Wenn Sie etwas in der Vergangenheit (Präteritum oder Perfekt) erzählen und ausdrücken wollen, dass etwas anderes noch früher passiert ist.
Wie bilde ich das Plusquamperfekt?
Hilfsverb im Präteritum + Partizip Perfekt (*er hatte gemacht / sie war gegangen*)

....

N6 **Ach, deshalb!**

Präteritum oder Plusquamperfekt? Ergänzen Sie die Verben in der richtigen Form.

1. _Jutta fuhr mit dem Fahrrad zur Schule. Sie war zu spät aufgestanden,_
deshalb hatte sie den Schulbus verpasst.

> Jutta • mit dem Fahrrad • zur Schule (fahren). Sie •
> zu spät (aufstehen), deshalb • sie • den Schulbus (verpassen).

2. _____

> Christoph • die ganze Nacht (tanzen). Am nächsten Morgen •
> er • schrecklich müde (sein).

3. _____

> Ende Dezember • zwei Meter Schnee (liegen), da • es •
> eine Woche lang • pausenlos (schneien).

4. _____

> Die Mutter • die Küche • putzen (müssen), weil • ihre Kinder •
> einen Kuchen (backen).

5. _____

> Endlich • Hannes • einen neuen Job (bekommen), nachdem • er •
> zwanzig Bewerbungen (schreiben).

6. _____

> Klara • auf das Abendessen (sich freuen). Sie • seit dem Frühstück •
> nichts mehr (essen).

7. _____

> Anna • stolz • mit ihrem neuen Fahrrad (fahren). Sie • es •
> zum Geburtstag (bekommen).

N7 Die Welt im Jahr 2070

Ergänzen Sie die fehlenden Verben im Futur I.

> kämpfen • einsehen • existieren • haben • bringen • sein • verstehen •
> geben • kommen • leben • entwickeln

1. Oft frage ich mich, was uns und unseren Kindern die Zukunft _bringen wird_.

2. _____ die Welt noch so _____, wie wir sie kennen?

3. Ich _____ im Jahre 2070 nicht mehr _____, aber vielleicht _____

   meine Kinder Enkelkinder _____.

4. Man kann nur hoffen, dass es keine großen Kriege mehr _____.

5. Doch wahrscheinlich _____ die Menschen einmal um sauberes Wasser

   _____.

6. Und _____ die Menschen endlich _____, dass sie die Meere

   und den Regenwald schützen müssen?

7. Sicherlich _____ man neue Ideen _____ und es _____ viel

   neue Technik _____.

8. Hoffentlich _____ es nicht soweit _____ wie in dieser indianischen

   Weissagung:

9. „Wenn der letzte Baum gefällt ist, der letzte Fluss vergiftet ist und der letzte Fisch

   gefangen ist, _____ ihr _____, dass man Geld nicht essen kann ..."

Tipp

Wann brauche ich das Futur?
Wenn durch eine Zeitangabe klar ist, dass die Handlung in der Zukunft ist, brauche ich nur das Präsens. Fehlt eine Zeitangabe, brauche ich das Futur. (*Sie wird nach der Schule ein Jahr ins Ausland gehen.*)
Wenn ich etwas nicht sicher weiß, sondern nur vermute, brauche ich das Futur. (*Er wird wohl krank sein.*)
Wie bilde ich das Futur?
werden + Infinitiv

N8 Meine Schwiegermutter geht mir auf die Nerven!

Ergänzen Sie die Sätze mit den Verben in Klammern im Konjunktiv II.

Meine Schwiegermutter ist eine Katastrophe! Immer verbessert sie mich, nichts kann ich ihr recht machen.

1. Wenn ich für meine Tochter Milch warm mache, sagt sie: „Du _solltest_ ihr einen

   Tee _kochen_, das ist gesünder!" (kochen sollen)

2. Wenn ich die Küche aufräume, sagt sie: „Du _____ mal wieder den Keller

   _____, da sieht es schrecklich aus!" (aufräumen müssen)

3. Wenn ich meinen Kindern erlaube, einen Film anzusehen, sagt sie: „Bei mir

   _____ die Kinder nicht so viel _____!" (fernsehen dürfen)

4. Wenn ich meinem Mann einen grünen Pullover schenke, sagt sie: „Ein roter Pullover

   _____ ihm viel besser _____! (stehen)

5. Sie sagt, dass sie am liebsten allein im Garten arbeitet. Dann aber fragt sie mich:

   „_____ du mir nicht mal ein bisschen _____?" (helfen können)

6. Wenn ich einen Kuchen backe, sagt sie: „Du _____ deinen Kindern nicht

   so viel Süßes _____!" (geben sollen)

7. Wenn sie zum Einkaufen geht, sagt sie: „_____ du nicht auch mal zum

   Einkaufen _____?" (gehen können)

8. Wenn mein Sohn für eine Klassenarbeit die Note 2 bekommt, sagt sie: „Wenn du

   mehr mit ihm _____, _____ er eine Eins

   _____! (lernen / schreiben können)

9. Wenn ich mir am Abend einen Liebesfilm anschaue, sagt sie:

   „Es _____ besser, wenn du dir einen Dokumentarfilm

   _____! (sein / anschauen)

   Da _____ du etwas _____! (lernen können)

10. Wenn sie mich doch nur endlich in Ruhe _____! (lassen)

Das kann ich schon: Wenn ich höflich um etwas bitte, brauche ich den Konjunktiv II, z. B.: *Ich hätte gern ein Glas Wasser. / Würden Sie bitte das Fenster öffnen?*

N9 **Die harte Realität!**

Bilden Sie einen irrealen Satz im Konjunktiv II.

1. *Wenn das Wetter schön wäre, würde ich jetzt
   spazieren gehen.*

   Aber das Wetter ist nicht schön und ich gehe jetzt
   nicht spazieren.

2. _____

   _____

   Aber ich kann nicht singen und bin keine Opernsängerin.

3. _____

   Aber ich bin kein Millionär und kaufe keine Villa am Meer.

4. _____

   Aber Stefan hat keinen Hund und kann nicht jeden Tag mit ihm joggen gehen.

5. _____

   Aber meine Kinder kochen nicht gern und ich muss jeden Tag für die Familie kochen.

6. _____

   Aber du lernst nicht viel und hast in der Schule keine guten Noten.

7. _____

   Aber wir haben nicht genug Geld und machen im Sommer nicht Urlaub auf
   den Malediven.

N10 Ach, wenn doch nur ...!

Ergänzen Sie die Verben in der richtigen Form.

1. Es regnet so stark. Wenn doch endlich der Bus

   kommen würde / *käme*! (kommen)

2. Meine kurzen Haare sind langweilig. Wenn ich

   doch lange Haare _____! (haben)

3. Jetzt ist er schon fünf Wochen in Afrika.

   Wenn mein Schatz mir nur endlich einen Brief

   _____ / _____!

   (schreiben)

4. Gestern Abend habe ich wohl zu viel ge-

   trunken. O je, wenn mein Kopf nur nicht so

   weh _____ / _____! (tun)

5. Ich glaube, ich habe mich verlaufen.

   Wenn ich nur den richtigen Weg

   _____ / _____!

   (wissen)

6. Morgen fährt unser nettes Au-pair-Mädchen wieder

   zurück nach Hause. Wenn sie doch immer bei uns

   _____ / _____! (bleiben)

7. Ich bin schon so müde. Wenn unsere Gäste doch

   endlich nach Hause

   _____ / _____! (gehen)

8. Ich will nichts von diesem Typ wissen. Wenn er mich nur endlich in Ruhe

   _____ / _____! (lassen)

... dann wäre alles anders gekommen!

Ordnen Sie die passenden Satzteile einander zu.

1. Wenn ich meinen Schlüssel nicht vergessen hätte,

2. Wenn der Unterricht nicht so langweilig gewesen wäre,

3. Wenn mein Mann nicht verschlafen hätte,

4. Wenn sie sich besser auf die Prüfung vorbereitet hätte,

5. Wenn der Taxifahrer schneller gefahren wäre,

6. Wenn es am Wochenende nicht geregnet hätte,

7. Wenn ich nicht zwei Tafeln Schokolade gegessen hätte,

8. Wenn ich Geld hätte,

9. Wenn er nicht so viel arbeiten müsste,

10. Wenn Sie nicht so leise sprechen würden,

a) hätte ich das Flugzeug nicht verpasst.

b) wären wir zum Schwimmen an den See gefahren.

c) wäre mir jetzt nicht so schlecht.

d) würde ich mir ein neues Auto kaufen.

e) könnte er mehr Zeit mit seinen Kindern verbringen.

f) könnte ich Sie besser verstehen!

g) wäre er nicht zu spät zu seinem Meeting gekommen.

h) könnte ich jetzt in meine Wohnung.

i) wäre sie nicht durchgefallen.

j) wäre ich nicht eingeschlafen.

1.	2.	3.	4.	5.	6.	7.	8.	9.	10.
h)									

N12 **..., als ob er traurig wäre.**

Bilden Sie Antwortsätze und setzen Sie die Verben
in die richtige Form.

1. ● Was ist denn mit Peter los?

   ■ Ich weiß nicht. *Er sieht aus, als ob*
   er traurig wäre.

   > er • aussehen • als ob • sein • traurig • er

2. ● Denkst du, das Wetter hält noch? Ich möchte so gern grillen heute Abend!

   ■ Das könnte schwierig werden. _____

   _____

   > es • regnen • aussehen • bald • es • als ob

3. ● Du, wie viel hat dein Freund eigentlich heute Abend getrunken?

   ■ Ich habe nicht darauf geachtet. _____

   _____

   > er • reden • aber • als ob • zu viel • er • getrunken haben • so

4. ● Oh, dein armer Mann ist ja völlig überarbeitet!

   ■ Ach ja? Wenn du mich fragst, _____

   _____

   Eigentlich hat er ein ganz entspanntes Leben!

   > nur so • er • tun • als ob • viel Stress • er • haben

5. ● Ach, dein Bruder ist wunderbar! Er geht so gern mit mir ins Konzert!

   ■ Das macht er nur aus Liebe zu dir! _____

   _____

   > nur so • als ob • musikalisch sein • er • tun • er

N13 Öffentliche Bekanntmachungen

Bilden Sie Sätze im Präsens Passiv.

1. *Um 8 Uhr wird die Abendkasse geöffnet.*

   um 8 Uhr • Abendkasse • öffnen

2. _____

   wegen Bauarbeiten • die Linien U3 und U6 • für eine Stunde • schließen

3. _____

   ab August • das Theater • renovieren

4. _____

   hier • eine neue U-Bahn-Station • bauen

5. _____

   die Besucher • im Museum • nicht zu fotografieren • bitten

6. _____

   die Ausstellung • am 16. Mai • eröffnen

7. _____

   Autos ohne Parkerlaubnis • von der Polizei • abschleppen

8. _____

   die Funktion der Kamera • in der Gebrauchsanweisung • erklären

N14 Eine „To-do-Liste"

Machen Sie aus den Notizen ganze Sätze im Präsens Passiv.
Ergänzen Sie *müssen*, *dürfen*, *sollen* oder *können*.

Frau Weber plant eine Konferenz im nächsten Monat. Sie hat sich schon
viele Notizen gemacht und klärt nun mit ihrer Assistentin die Organisation.
Was muss alles gemacht werden?

1. Einladungen verschicken
2. Hotelzimmer reservieren
3. Technik nicht vergessen!
4. Referenten: Vorträge vorbereiten
5. Finanzierung klären
6. Konferenzraum buchen
7. Presse benachrichtigen (zwei Tage vor Konferenzbeginn)
8. Tagesordnung entwerfen

1. Die Einladungen *müssen* dringend *verschickt werden*.

2. Die Hotelzimmer _____ spätestens Ende der Woche

   _____ .

3. Die Technik _____ nicht _____ !

4. Die Vorträge _____ von den Referenten möglichst bald

   _____ .

5. Die Finanzierung _____ .

6. Der Konferenzraum _____ heute noch _____ .

7. Die Presse _____ erst zwei Tage vor Konferenzbeginn

   _____ .

8. Die Tagesordnung _____ .

N15 Der Viktualienmarkt in München

Aktiv oder Passiv? Ergänzen Sie die Sätze in der richtigen Form. Vorsicht: Manche Lücken bleiben leer!

Der Münchner Viktualienmarkt *ist* ein großer Platz im

Zentrum der Stadt _____ (sein). Seit

1806 _____ hier Obst und Gemüse

_____ (verkaufen), aber auch Brot, Fleisch oder

Käse _____ es hier _____ (geben).

Mitten auf dem Marktplatz _____ ein großer Maibaum

_____ (stehen). Er _____

am 1. Mai mit einem frischen Kranz

_____ (schmücken) und

_____ das traditionelle Handwerk in

München _____ (zeigen).

Auch einen gemütlichen Biergarten _____ es hier _____

(geben). Da _____ Bier _____ (trinken), da _____

Würstchen _____ (braten) und Brezeln _____ (essen).

Mit kleinen Brunnen _____ an berühmte bayerische Schauspieler

_____ (erinnern).

Am Faschingsdienstag _____ hier den ganzen Tag über Fasching

_____ (feiern). Vormittags _____ man den traditionellen Tanz der

Marktfrauen _____ (sehen können), und später _____ es Musik und natürlich

jede Menge zu trinken _____ (geben). In den Bäckereien um den

Marktplatz _____ Faschingskrapfen _____ (verkaufen) und zu

späterer Stunde – wenn man Glück hat – sogar _____ (verschenken).

Den Touristen _____ von den Stadtführern am Viktualienmarkt viel über die

Münchner Geschichte _____ (erzählen) – auf jeden Fall _____ dieser Platz

einen Besuch wert _____ (sein)!

N16 Traditionen an Ostern

Setzen Sie die Sätze ins Passiv.

1. Osterfeuer

Am Karfreitag (Freitag vor Ostern) löschte man das Feuer im Ofen aus. Dann holte man in der Osternacht ein neues Licht von einer Kerze in der Kirche, trug es nach Hause und zündete damit das Feuer im Ofen wieder an.

Am Karfreitag *wurde* das Feuer im Ofen *ausgelöscht*. Dann _____ in der

Osternacht ein neues Licht von einer Kerze in der Kirche _____, nach Hause

_____ und damit das Feuer im Ofen wieder _____.

2. Fastenzeit

Zwischen Fasching und Ostern aß man nur das Nötigste, diese Zeit nannte man Fastenzeit. In den Klöstern braute man starkes Bier und trank es in dieser Zeit, weil Getränke das Fasten nicht brachen.

Zwischen Fasching und Ostern _____ nur das Nötigste _____, diese

Zeit _____ Fastenzeit _____. In den Klöstern _____ starkes Bier

_____ und in dieser Zeit _____, weil durch Getränke das Fasten

nicht _____.

3. Eier picken

An Ostern suchten die Kinder bunte hartgekochte Eier im Garten. Dann schlugen sie zwei Eier gegeneinander. Der Gewinner nahm das zerbrochene Ei seines Gegners.

An Ostern _____ von den Kindern bunte hartgekochte Eier im Garten

_____. Dann _____ zwei Eier gegeneinander _____.

Das zerbrochene Ei des Gegners _____ vom Gewinner _____.

4. Traditionen an Ostern

Heute sind nur noch Reste dieser Traditionen lebendig. Aber immer noch isst man in der Zeit vor Ostern wenig Fleisch und Süßes, zündet beim Osterfrühstück eine Kerze an und schlägt die hartgekochten bunten Eier gegeneinander.

Heute sind nur noch Reste dieser Traditionen lebendig. Aber immer noch _____ in

der Zeit vor Ostern wenig Fleisch und Süßes _____, _____ beim Oster-

frühstück eine Kerze _____ und _____ die hartgekochten

bunten Eier gegeneinander _____.

N17 Der Chef hat schlechte Laune

Setzen Sie die Sätze ins Passiv Perfekt.

Der Chef zählt auf, was von seinen Mitarbeitern nicht erledigt worden ist:

1. _Der Vertrag mit unserem Partner in Hamburg ist nicht geschrieben worden._

   den Vertrag mit unserem Partner in Hamburg schreiben

2. _____

   die Flüge nach London buchen

3. _____

   die Werbebriefe vor 17 Uhr zur Post bringen

4. _____

   den Termin bei der Messe absagen

5. _____

   die Handwerkerrechnung überprüfen

6. _____

   abends die Kaffeemaschine ausschalten

7. _____

   die Bürotür zuschließen

8. _____

   das Angebot für London ins Englische übersetzen

9. _____

   die leeren Kaffeetassen auf den Schreibtischen wegräumen

Tipp ....

Vorsicht – im Passiv Perfekt bleibt von dem Hilfsverb *werden* nur noch *ist ... worden*
(statt *ist geworden!*), z.B.: *Er ist operiert worden.*

....

N18 Besuch am Checkpoint Charlie in Berlin

Aktiv oder Passiv? Präsens, Präteritum oder Perfekt? Setzen Sie die Verben in Klammern in die richtige Form.

„Hier, meine Damen und Herren, sehen Sie den bekanntesten Grenzübergang Berlins.

1. Er _wird_ „Checkpoint Charlie" _genannt_ (nennen).

2. Durch diesen Punkt _____ die Mauer _____ (verlaufen), die seit 1961 die Bundesrepublik Deutschland von der Deutschen Demokratischen Republik _____ (teilen).

3. Mitten durch Berlin _____ diese Mauer _____ (gehen).

4. Der Checkpoint Charlie _____ nur von Menschen mit politischen Funktionen _____ (benutzen dürfen).

5. Hier _____ vor dem Fall der Mauer auf Flüchtlinge _____ (schießen).

6. 1990 _____ der Kontrollpunkt _____ (abbauen).

7. Heute _____ er im Berliner Alliierten Museum _____ (besichtigen können).

8. Im „Haus am Checkpoint Charlie" _____ ein Fluchtmuseum _____ (einrichten).

9. Dort _____ Geschichten von abenteuerlichen Fluchtversuchen _____ (erzählen), z. B. von dem 140 Meter langen Tunnel, der unter der Mauer _____ (graben).

10. 1964 _____ durch diesen Tunnel 57 Menschen _____ (fliehen).

Lassen Sie uns nun dieses eindrucksvolle Museum besuchen!"

N19 Szenen aus dem Alltag

Kombinieren Sie die richtigen Satzteile.

1. Anna sitzt am Schreibtisch und träumt

2. Mama öffnet die Post und ärgert sich

3. Der Nachbar klingelt und bedankt sich

4. Phillip streitet laut

5. Papa beklagt sich

6. Oma ruft an und erkundigt sich

7. Der kleine Peter erzählt

8. Mama sagt zu Phillip: „Entschuldige dich

9. Papa hat schrecklich Hunger und wartet

10. Onkel Alfons ruft an und lädt alle

a) für das Blumengießen während seines Urlaubs.

b) über seinen Chef.

c) von seinem Tag im Kindergarten, aber keiner hört ihm zu.

d) bei deinem Bruder!"

e) nach der Adresse von Onkel Alfons.

f) von ihrem Biologielehrer.

g) mit seinem Zwillingsbruder.

h) auf das Abendessen.

i) zu seinem 85. Geburtstag ein.

j) über die Stromrechnung.

1.	2.	3.	4.	5.	6.	7.	8.	9.	10.
f)									

Tipp ....

Lernen Sie Verben und Präpositionen immer als feste Verbindungen, zusammen mit dem Kasus, z. B.: *denken an* (+Akk.)

Oft ist es einfacher, sich einen kleinen Satz zu merken, z. B.: *Ich denke an dich.*

....

N20 Woran denkst du denn?

Markieren Sie die richtigen Lösungen.

1. ● Du bist so schweigsam – *woran/worüber* denkst du denn die ganze Zeit?

   ■ Ach, ich muss immer *in/an* Martha denken. Gestern hat sie sich *mit/von* diesem Carlos verabredet und ich weiß nicht, was ich *darüber/davon* halten soll.

   ● Mach dir *darüber/daran* keine Gedanken! Du kannst dich bestimmt *auf/an* sie verlassen, so verliebt, wie sie *in/über* dich ist!

   ■ Das beruhigt mich. Schließlich verstehst du etwas *über/von* Frauen …!

....

2. ● Bald machen wir Urlaub in Dänemark. Ich hoffe so *darauf/daran*, dass wir gutes Wetter haben!

   ■ Ich drücke euch die Daumen! Du musst dich auch wirklich *vom/beim* Stress der letzten Wochen erholen.

   ● Ja, da hast du recht. Ich träume schon jede Nacht *zu/von* meiner Arbeit.

   ■ Wann fahrt ihr los?

   ● Das hängt *daran/davon* ab, wann ich mit meinem Projekt fertig bin.

....

3. ● Nimmst du *an/in* der Konferenz nächsten Monat teil?

   ■ Ja, ich wollte schon – und du?

   ● Ich muss mich noch *für/um* ein Flugticket kümmern. Und ich werde *an/gegen* die Organisatoren schreiben, dass sie *dafür/darum* sorgen sollen, mir ein gutes Hotelzimmer zu geben. Das letzte Mal konnte ich wegen des Lärms keine Nacht schlafen und mich am nächsten Tag *auf/über* keinen Vortrag konzentrieren.

   ■ Hast du dich nicht *beim/vom* Hoteldirektor *über/um* den Lärm beschwert?

   ● Doch, aber der konnte nichts *dafür/dagegen* machen. Es gab keine Zimmer mehr.

> **Tipp** ....
>
> Bei Fragen nach einer Sache oder einem Thema: *wo* + *(r)* + Präposition
> Bei Fragen nach einer Person: Präposition + *wen/wem*
> Bei Bezug auf den vorangegangenen Satz oder den nachfolgenden Nebensatz:
> *da* + *(r)* + Präposition

N21 Ich möchte mehr wissen!

Ergänzen Sie die passenden Fragewörter. Wenn es sich um eine Sache oder eine Person handeln kann, müssen Sie beides ergänzen.

1. ● Ich ärgere mich so wahnsinnig!

   ■ *Über wen oder worüber?*

   ● Über mein schlechtes Prüfungsergebnis!

2. ● Ich habe die ganze Nacht nicht geschlafen und nachgedacht ...

   ■ _____

   ● Über alles, was ich in nächster Zeit tun muss.

3. ● Ich sollte dich erinnern!

   ■ _____

   ● Das weiß ich doch nicht, das solltest du wissen!

4. ● Hast du dich schon bedankt?

   ■ _____

   ● Bei unseren Nachbarn, fürs Blumengießen während unseres Urlaubs!

5. ● Die Butter schmeckt irgendwie komisch.

   ■ _____

   ● Nach altem Käse oder so ...

6. ● Ich muss mich dringend erholen.

   ■ _____

   ● Von meinem stressigen Deutschkurs!

7. ● Ach, gestern Abend habe ich mich schrecklich verliebt ...

   ■ _____

   ● In diesen netten Typen, mit dem ich so lange an der Bar gestanden habe.

N22 Zu wenig Zeit ...

Ergänzen Sie die Sätze.

darüber • um • darauf • an • auf • auf • darüber • von • ~~davon~~ •
dafür • mit • darunter • für • mit • davon • mit • daran

Liebes Tagebuch,

was für schwierige Zeiten! So viel hängt _davon_ (1) ab, ob ich ____ (2) den

Schwimmwettkämpfen nächsten Monat teilnehmen darf. Ich bereite mich schon

täglich _____ (3) vor und trainiere wie verrückt, aber andererseits muss

ich mich auch _____ (4) mein Studium konzentrieren. Das fällt schwer!

Und Joachim beklagt sich _____ (5), dass ich so wenig Zeit _____ (6)

ihn habe. Wenn ich mich _____ (7) ihm verabredet habe, freue ich mich immer

riesig _____ (8) den Abend, aber dann streiten wir uns doch meistens

_____ (9), dass ich mich zu wenig ____ (10) ihn kümmere. Er versteht

einfach nichts _____ (11) Leistungssport – aber wenn er _____ (12) mir

zusammen sein will, muss er sich _____ (13) gewöhnen! Er kann mich

nicht _____ (14) überzeugen, dass ich _____ (15) dem Training aufhöre!

Aber ich leide wirklich _____ (16), denn ich liebe ihn doch ...

Ich glaube, ich muss _____ (17) sorgen, dass er das alles weniger

dramatisch sieht.

Tschüs, Tagebuch!

Deine schwimmende und kämpfende Vroni

N

N23 Auf Händen getragen!

Bilden Sie die Sätze mit den Verben *brauchen* und *lassen*.

Mathilda hat einen reichen Manager geheiratet.
Er hält sie liebevoll davon ab, etwas im Haus zu tun:

1. Koche nicht (brauchen). Das macht unsere Köchin (lassen).

   Du brauchst nicht zu kochen, lass das unsere Köchin machen.

2. Gieß nicht die Blumen. Unser Gärtner arbeitet im Garten.

   _____

   _____

3. Geh nicht zum Einkaufen. Das kann unser Hausmädchen machen.

   _____

   _____

4. Räum nicht das Wohnzimmer auf. Unsere Hausdame sorgt für Ordnung.

   _____

   _____

Bald fängt Mathilda auch damit an und sagt zu ihrem Mann:

5. Fahr dein Auto nicht selbst. Unser Chauffeur bringt dich in die Firma.

   _____

   _____

6. Schreib deine Briefe nicht selbst. Dein Sekretär erledigt das.

   _____

   _____

Doch dann kommt die große Wirtschaftskrise und sie ändern ihre Meinung:

7. Bezahlen wir nicht so viel Personal. Wir erledigen alle Arbeit selbst.

   _____

   _____

Tipp ....

   brauchen ... zu + Negation hat dieselbe Bedeutung wie *nicht müssen*

....

N24 Namensalphabet

Ergänzen Sie *zu*, wenn es nötig ist.

1. Anton hat Angst, im Dunkeln _zu_ schlafen.

2. Berta würde jetzt gern ans Meer ____ fahren.

3. Corinna hört den ganzen Tag ihre Nachbarin Klavier ____ spielen.

4. Daniel will sich morgen die Haare schneiden ____ lassen.

5. Erich sagt, dass es wichtig ist, sich gesund ____ ernähren.

6. Friedrich findet es interessant, Wirtschaft ____ studieren.

7. Günther versucht Inliner ____ fahren.

8. Hannes beginnt einen Keramikkurs ____ machen.

9. Ilse hilft der alten Dame die Einkaufstasche ____ tragen.

10. Jörg lernt Gitarre ____ spielen.

11. Karin braucht heute nicht ins Büro ____ gehen.

12. Linda freut sich, bald ihre Großmutter ____ sehen.

13. Melissa stellt sich vor, am Meer in der Sonne ____ liegen.

14. Niko bleibt auf seinem Platz ____ sitzen.

15. Oskar soll die Küche allein auf____räumen.

16. Philippa hofft, einen netten jungen Mann kennen ____ lernen.

17. Anneli hat keine Lust, ihre Arbeit fertig ____ machen!

Tipp ....

Kein Infinitiv mit *zu* steht
bei Sätzen mit Hilfsverben (z. B.: *Ich würde das nicht tun.*)
bei den Modalverben (z. B.: *Er will seinem Vater helfen.*)
bei *lassen*, *hören/sehen/fühlen*, *bleiben*, *gehen/fahren*, *helfen* und *lernen*
(z. B.: *Sie hört ihren Mann nach Hause kommen.*)
....

N25 *mir* oder *mich*, das verwechsle ich nicht ...

Ergänzen Sie die Reflexivpronomen im Dativ oder im Akkusativ.

1. ● Darf ich *mir* heute kurze Hosen anziehen, Mama?

   ■ Nein, es ist noch zu kalt. Zieh _____ bitte wärmer an!

2. ● Kann ich _____ heute Nachmittag dein Fahrrad ausleihen?

   ■ Tut mir leid, das hat _____ gestern schon mein Bruder geliehen.

3. ● Ach, ich brauche so dringend mal Urlaub, aber ich kann _____ nichts

   Teures leisten!

   ■ Wenn du _____ das gut überlegst, findest du bestimmt eine günstige Lösung!

4. ● Um 20 Uhr beginnt der Empfang. Möchtest du _____ vorher noch umziehen?

   ■ Ja, aber ich brauche nicht lange. Treffen wir _____ um zehn vor acht in der

   Hotelhalle?

5. ● Ich bedanke _____ ganz herzlich für die schönen Blumen!

   ■ Gern geschehen! Ich bin ganz stolz, dass ich _____ deinen Geburtstag

   gemerkt habe!

6. ● Ich muss _____ für die Verspätung entschuldigen – es tut mir so leid!

   ■ Kein Problem, ich bin froh, dass Sie da sind! Ich hatte

   _____ schon Sorgen gemacht, dass Sie _____ in der

   fremden Stadt verlaufen haben!

7. ● Stell _____ vor, mein Vater möchte nächsten Monat

   heiraten – zum vierten Mal!

   ■ Der verliebt _____ aber schnell! Ich kann _____

   noch gut an die letzte Hochzeit erinnern, das ist noch

   nicht so lange her!

> **Tipp** ....
>
> Wenn es in einem Satz kein Akkusativ-Objekt gibt, steht das Reflexivpronomen im
> Akkusativ (z. B.: *Ich wasche mich.*)
> Wenn es ein Akkusativ-Objekt gibt, steht das Reflexivpronomen im Dativ
> (z. B.: *Ich wasche mir die Hände.*)
> ....

0 Satz

00 Auf hoher See

Welche Sätze sind korrekt? Kreuzen Sie an.

1. ☒ Am Morgen sieht Michael aus dem Fenster und freut sich über den sonnigen Tag.
   ☐ Am Morgen Michael sieht aus dem Fenster und freut sich über den sonnigen Tag.
   ☐ Am Morgen sieht Michael aus dem Fenster und sich freut über den sonnigen Tag.

2. ☐ Endlich ist es wärmer und er kann fahren wieder zu seinem Schiff an den See.
   ☐ Endlich es wärmer ist und er kann wieder zu seinem Schiff an den See fahren.
   ☐ Endlich ist es wärmer und er kann wieder zu seinem Schiff an den See fahren.

3. ☐ Er holt sein Fahrrad aus der Garage und nach zehn Minuten kommt er am See an.
   ☐ Er holt aus der Garage sein Fahrrad und kommt er nach zehn Minuten am See an.
   ☐ Er holt sein Fahrrad aus der Garage und am See nach zehn Minuten kommt er an.

4. ☐ Doch dort ist er allein nicht.
   ☐ Doch ist er dort nicht allein.
   ☐ Doch dort ist er nicht allein.

5. ☐ Eine Ente sitzt auf einem Ei in seinem Schiff und möchte nicht gestört werden.
   ☐ Eine Ente sitzt in seinem Schiff auf einem Ei und möchte nicht gestört werden.
   ☐ Eine Ente sitzt in seinem Schiff auf einem Ei und möchte gestört nicht werden.

6. ☐ Michael überlegt kurz, was er tun kann, und zum Schwimmen geht erst einmal.
   ☐ Michael überlegt kurz, was er tun kann, und geht erst einmal zum Schwimmen.
   ☐ Michael überlegt kurz, was er kann tun, und geht erst einmal zum Schwimmen.

7. ☐ Dann denkt er, dass er lieber eine Radtour macht und die Ente nicht stört.
   ☐ Dann denkt er, dass er eine Radtour lieber macht und die Ente nicht stört.
   ☐ Dann denkt er, dass er lieber eine Radtour macht und stört die Ente nicht.

8. ☐ Nach ein paar Wochen kommt er wieder zum Schiff und sieht mit ihrem Küken am Ufer die Ente schwimmen.
   ☐ Wieder kommt er zum Schiff nach ein paar Wochen und sieht die Ente mit ihrem Küken am Ufer schwimmen.
   ☐ Nach ein paar Wochen kommt er wieder zum Schiff und sieht die Ente mit ihrem Küken am Ufer schwimmen.

9. ☐ Jetzt kann er auf sein Schiff endlich!
   ☐ Jetzt kann er endlich auf sein Schiff!
   ☐ Auf sein Schiff endlich kann er jetzt!

Das kann ich schon: Grundregeln der Satzstellung

O

01 Deswegen ist sie so dick!

Kombinieren Sie die passenden Satzteile.

1. Sie hat ein sehr gutes Abitur geschrieben,
2. Mein Sohn geht mir manchmal auf die Nerven,
3. Josef liebt das Theater,
4. Die Katze frisst und schläft den ganzen Tag,
5. Ich sollte abnehmen,
6. Jürgen arbeitet gern im Garten,
7. Er verdient sehr gut,
8. Meine Tochter liegt mit Grippe im Bett,
9. Ich freue mich auf den Besuch meines Schwiegervaters,
10. Lucia hat einen deutschen Freund,

a) deshalb besucht er eine Schauspielschule.
b) deswegen ist sie so dick.
c) darum blühen dort die schönsten Blumen.
d) dennoch hat er nie Geld.
e) trotzdem liebe ich ihn sehr.
f) jedoch will er eine ganze Woche bleiben.
g) darum möchte sie gut Deutsch lernen.
h) trotzdem will sie nicht Medizin studieren.
i) also gehe ich jetzt jeden Tag zum Laufen.
j) daher kann sie am Schulausflug nicht teilnehmen.

1.	2.	3.	4.	5.	6.	7.	8.	9.	10.
h)									

Tipp

deshalb, *deswegen*, *darum* und *daher* haben die gleiche Bedeutung, ebenso wie *trotzdem* und *dennoch*.
Im Hauptsatz stehen sie auf Position 1 oder 3.

02 So viele Fragen ...

Ergänzen Sie die Relativpronomen.

1. ● Mama, was ist eine Bundeskanzlerin?

   ■ Das ist eine Frau, *die* zusammen mit den Ministern Deutschland regiert.

2. ● Und was ist der Tag der deutschen Einheit?

   ■ Das ist der Nationalfeiertag, _____ Deutschland wegen der Wiedervereinigung feiert.

3. ● Und was ist die Wiedervereinigung?

   ■ Das ist das Ereignis, _____ aus der BRD und der DDR wieder ein Deutschland gemacht hat.

4. ● Und was ist der Reichstag?

   ■ Das ist ein altes, schönes Gebäude in Berlin, in _____ das Parlament arbeitet.

5. ● Mama, was ist das Oktoberfest?

   ■ Das ist ein großes Volksfest, _____ jeden Herbst in München gefeiert wird und bei _____ viel Bier getrunken wird.

6. ● Mama, was für eine Stadt ist Weimar?

   ■ Eine kleine Stadt, _____ in Thüringen liegt und in _____ Goethe und Schiller gelebt und geschrieben haben.

7. ● Weißt du, was der Brocken ist?

   ■ Ja, das ist ein Berg, _____ in Mittel-
   deutschland liegt und auf _____ die
   Hexen in der Nacht zum ersten Mai
   die Walpurgisnacht feiern – heißt es in
   alten Geschichten!

8. ● Huch, gruselig! Und, Mama, ...

   ■ Weißt du was?

   ● Nein?

   ■ Meine Tochter ist das Kind, _____ auf der ganzen Welt die meisten Fragen stellt!

> **Tipp** ....
> Die Relativpronomen sind identisch mit den bestimmten Artikeln, außer im
> Dativ Plural (*denen*) und im Genitiv (*dessen*, *deren*)
> ....

03 Kennst du eigentlich ...?

Ergänzen Sie die Sätze mit den Relativpronomen aus dem Kasten.

aus dem • in der • das • die • der • die • über das •
mit denen • durch den • aus der • mit dem • die

1. ● Kennst du eigentlich den Film „Casablanca"?

   ■ Das ist doch der Film,

   der 1942 in Marokko spielt.

   _____das Zitat ist: „Schau mir in die Augen, Kleines!"

   _____ Humphrey Bogart zum Star wurde.

2. ● Kennst du eigentlich die Oper „Don Giovanni"?

   ■ Klar, das ist doch die Oper,

   _____ Wolfgang Amadeus Mozart geschrieben hat.

   _____ so viele berühmte Melodien stammen.

   _____ ich schon als Kind einmal war.

3. ● Kennst du eigentlich das Buch „Der Steppenwolf" von Hermann Hesse?

   ■ Ja, das ist ein Buch,

   _____ ich mit 16 Jahren gelesen und noch nicht ganz verstanden habe.

   _____ ich mich später noch einmal beschäftigt habe.

   _____ sehr viel geschrieben wurde.

4. ● Kennst du eigentlich die „Toten Hosen"?

   ■ Natürlich, die haben Songs geschrieben,

   _____ ich noch besser Deutsch gelernt habe!

   _____ ich eine Zeit lang Tag und Nacht gehört habe.

   _____ man wirklich gut verstehen kann.

> **Tipp** ....
>
> Bei einem Verb mit Präposition bleibt die Präposition vor dem Relativpronomen
> stehen und bestimmt den Kasus des Relativpronomens
> ....

04 Ein altes Familienalbum

Ergänzen Sie die Relativpronomen aus dem Kasten.

die • den • dem • der • die • denen • die • der • den • der

● Opi, erklär doch mal, wer das alles ist!

■ Schau mal, das hier ist dein Großonkel Friedrich. Das ist der, *den* (1) seine Frau nach einem Monat Ehe verlassen hat, obwohl er wirklich nett war! Und hier ist Großmama Theresia, _____ (2) aus Österreich stammte. Sie hatte drei Töchter – die älteste, _____ (3) später der Hof gehörte, hier die mittlere, _____ (4) nach Amerika ausgewandert ist, und hier die jüngste, _____ (5) später so ein schlimmer Reitunfall passiert ist. Auf dem Foto siehst du die Söhne meines Bruders Eckart. Das sind deine Onkel, _____ (6) du nur einmal vor fünf Jahren begegnet bist. Der hier, _____ (7) seine Frau gerade einen Kuss gibt, ist Arzt geworden. Und das ist der Jüngste, _____ (8) ich am liebsten mag. Hier vorne sind noch ganz alte Fotos, _____ (9) bei einem Fotografen gemacht wurden. Der hier in der Mitte, _____ (10) so ernst schaut, ist dein Urgroßvater. Eigentlich siehst du ihm ziemlich ähnlich!

O

05 Traumpartner

Ergänzen Sie die fehlenden Relativpronomen mit Präposition.

1. Ich wünsche mir einen Partner, ...

   _____von dem_____ alle Frauen träumen.

   _____ ich mich über alles unterhalten kann.

   _____ mich auf Händen trägt.

   _____ ich alle Wünsche erfüllt bekomme.

   _____ ich mich jeden Tag freue.

   _____ ich stolz bin.

2. Ich wünsche mir eine Partnerin, ...

   _____ ich über alles lachen kann.

   _____ ich mich sofort verliebe.

   _____ sich auch meine Freunde gut verstehen.

   _____ auch Spaß an Sport hat.

   _____ Kinder kein Problem sind.

   _____ ich über interessante Themen

   diskutieren kann.

06 Das Buch, von dem du erzählt hast

Verbinden Sie die beiden Sätze mit einem Relativpronomen.

1. Leih mir bitte das Buch. Du hast letzte Woche so begeistert von dem Buch erzählt.

   Leih mir bitte das Buch, von dem du letzte Woche so begeistert

   erzählt hast.

2. Morgen stelle ich dir unseren neuen Mitarbeiter vor. Du wirst ab nächster Woche mit ihm zusammenarbeiten.

   _____

   _____

3. Endlich hat sich Karl mit der Frau verabredet. Er muss ständig an sie denken.

_____

_____

_____

4. Bitte, Alexander, triff dich nicht mehr mit den Jungen! Du streitest sowieso immer nur mit ihnen.

_____

_____

_____

5. Der Deutschkurs beginnt am 4. Mai. Chantal möchte daran teilnehmen.

_____

_____

_____

6. Ich möchte Ihnen den Institutsleiter vorstellen. Sie dürfen sich gerne mit Fragen und Problemen an ihn wenden.

_____

_____

_____

7. Das hier sind meine Freunde Jim und Joe. Ich habe dir schon viel von ihnen erzählt!

_____

_____

_____

Tipp ....

Der Relativsatz steht direkt hinter dem Wort, auf das er sich bezieht.
Ausnahme: Wenn nach dem Relativsatz nur noch ein Wort kommen würde,
wird das oft vorgezogen:
Sie kaufte in dem Geschäft, das ihre Freundin empfohlen hatte, ein.
besser: *Sie kaufte in dem Geschäft ein, das ihre Freundin empfohlen hatte.*
....

07 Auf dem roten Teppich

Verbinden Sie die beiden Sätze mit Relativpronomen im Genitiv.

Filmfestspiele in Cannes. Prominente Schauspieler, elegant gekleidet, werden von den Fans bewundert und von den Reportern kommentiert:

1. Hier kommt Johnny Depp. Sein Auftreten wird von einem Aufschrei seiner Fans begleitet.

   Hier kommt Johnny Depp, dessen Auftreten von einem Aufschrei seiner Fans begleitet wird.

2. Soeben steigt Natalie Portman aus der Limousine. Ihr fantasievoll geschnittenes Abendkleid betont ihre schmale Figur.

   _____

   _____

3. Penélope Cruz geht sicher über den roten Teppich. Ihre Absätze sind bestimmt zehn Zentimeter hoch.

   _____

   _____

4. Mickey Rourke ist in Begleitung einer jungen Schönheit. Seine Lederjacke sieht aus wie eine Schlangenhaut.

   _____

   _____

5. Angelina Jolie lächelt in die Kameras. Ihre sechs Kinder sind in den USA geblieben.

   _____

   _____

6. Schließlich fährt auch Woody Allen vor. Seine große Hornbrille ist sein Markenzeichen.

   _____

   _____

08 Viel Deutsches

Verbinden Sie die passenden Satzteile mit den Relativpronomen *wo* oder *was*.

1. Berlin ist die Stadt,

2. Die Schweiz ist ein Land,

3. Über Deutschland habe ich vieles gelesen,

4. „Englischer Garten" heißt der Park in München,

5. In seiner Heimatstadt gibt es nichts,

6. Der Hafen ist bis jetzt leider alles,

7. Das Bier ist das,

8. Nordrhein-Westfalen ist das Bundesland,

9. Sanssouci heißt das Schloss in Potsdam,

10. Sie hat eine lange Reise durch Deutschland gemacht,

a) _____ mich interessiert.

b) _____ ihr sehr gut gefallen hat.

c) _____ ich von Hamburg gesehen habe.

d) _____ vier Sprachen gesprochen werden.

e) _____ es am meisten Industrie gibt.

f) *wo* das deutsche Parlament regiert.

g) _____ er noch nicht gesehen hätte.

h) _____ die preußischen Könige gelebt haben.

i) _____ ich mich am besten erhole.

j) _____ Bayern in der Welt bekannt gemacht hat.

1.	2.	3.	4.	5.	6.	7.	8.	9.	10.
f)									

Tipp

Nach Stadt, Land oder Ortsangabe ist das Relativpronomen *wo*.
Auf *alles, nichts, etwas, vieles* und *das* folgt das Relativpronomen *was*.

09 **Erste Bekanntschaft**

Ergänzen Sie die Relativpronomen und wo nötig eine Präposition.

1. Erzähl mir etwas aus deiner Kindheit, *was* du erlebt hast.

2. Hast du eine beste Freundin, _____ du dich immer verlassen kannst?

3. Wie heißt das Land, _____ du am liebsten Urlaub machst?

4. Gibt es etwas, _____ du dich schrecklich ärgerst?

5. Erzähl mir, _____ du am liebsten am Wochenende machst.

6. Gibt es einen Menschen, _____ du ein Jahr auf einer einsamen

   Insel leben könntest?

7. Hast du Eltern oder Großeltern, _____ du dich kümmerst?

8. Erzähl mir von etwas, _____ du Angst hast.

9. Gibt es etwas, _____ du dich nie gewöhnen könntest?

10. Gibt es etwas, _____ du immer lachen musst?

11. Gibt es ein Buch, _____ dich sehr beeindruckt hat?

12. Übrigens – du bist die schönste Frau, _____ ich jemals begegnet bin!

010 **Zurück aus dem Urlaub**

Markieren Sie die richtige Konjunktion.

Liebe Erika,

seit gestern Abend sind wir wieder zu Hause. *Wenn/<u>Als</u>* (1) wir über die Alpen fuhren, fing es natürlich an zu regnen – willkommen daheim ...!

Wenn/Als (2) du Urlaub hast, musst du auch in die Toskana fahren! *Wenn/Als* (3) wir in unserem Ferienhaus ankamen, haben wir gleich Fahrräder gemietet und die Umgebung erkundet. Es gibt so viel zu sehen! Wir haben immer Städtetouren gemacht, *wenn/als* (4) das Wetter nicht so gut war, und *wenn/als* (5) die Sonne schien, sind wir ans Meer gefahren.

Stell dir vor: *Wenn/Als* (6) wir einen Tag in Florenz verbracht haben, hat Julius seinen Fotoapparat in einem Restaurant vergessen. Er hat dort sofort angerufen, *wenn/als* (7) er es bemerkt hat, und der Apparat war tatsächlich noch da!

Normalerweise passiert ja immer etwas, *wenn/als* (8) wir in Urlaub fahren, aber dieses Mal hatten wir Glück!

So, liebe Erika, *wenn/als* (9) ich alle Koffer ausgepackt habe, besuche ich dich!

Bis bald, deine Karla

011 **... und was hast du heute gemacht?**

Verbinden Sie die einzelnen Stichpunkte vom Notizzettel zu ganzen Sätzen.

Ulrich erzählt von einer Konferenz, die den ganzen Tag gedauert hat.
Dann fragt er Karin, was sie heute alles gemacht hat.

1. Tanja in die Schule gegangen → Küche aufgeräumt

   Nachdem Tanja in die Schule gegangen war, habe ich die Küche aufgeräumt.

2. Betten gemacht → Ida zum Kindergarten gebracht

   Bevor

3. eingekauft → Kontoauszüge   *Nachdem*
   von der Bank geholt

   _____

   _____

4. Suppe gekocht und mit Omi   *Während*
   telefoniert

   _____

   _____

5. Tanja heimgekommen →   *Nachdem*
   zusammen gegessen

   _____

   _____

6. mit Tanja Hausaufgaben   *Bevor*
   gemacht → Ida abgeholt

   _____

   _____

7. am Spielplatz auf Ida   *Während*
   aufgepasst und Vokabeln
   für Italienisch gelernt

   _____

   _____

8. nach Hause gekommen →   *Nachdem*
   im Garten Blumen gegossen

   _____

   _____

9. Abendessen vorbereitet →   *Nachdem*
   mit den Kindern gegessen

   _____

   _____

10. Ida ins Bett gebracht →   *Bevor*
    mit Tanja Federball gespielt

   _____

   _____

Tipp ....

Bei *nachdem* steht der Nebensatz im Plusquamperfekt und der Hauptsatz im
Präteritum (oder Perfekt) oder der Nebensatz steht im Perfekt und der Hauptsatz
im Präsens.

....

012 Am Sonntag will mein Süßer mit mir segeln gehen!

Ergänzen Sie die fehlenden temporalen Konjunktionen *nachdem, bevor, seitdem, als, wenn, während, sobald.*

- ● Was machst du denn am Wochenende, *wenn* (1) das Wetter schön ist?

- ■ _____ (2) es windig wird, gehe ich zum Segeln. Und du? Kommst du mit?

- ● Ich muss noch so viel für meine Prüfung lernen. _____ (3) ich irgendetwas unternehmen kann, sollte ich wenigstens drei Stunden gelernt haben.

- ■ Aber würdest du mitkommen, _____ (4) du gelernt hast? Du könntest ja auch auf dem Schiff lernen, _____ (5) wir segeln!

- ● Ach, ich weiß nicht, _____ (6) ich das letztes Jahr einmal versucht habe, konnte ich mich gar nicht konzentrieren. Eigentlich kann ich nur gut lernen, _____ (7) ich an meinem Schreibtisch sitze.

- ■ Schade. Aber pass auf, ich habe einen guten Plan: Wir stehen früh auf, und _____ (8) du dich an den Schreibtisch setzt, duschst du kalt. _____ (9) du lernst, mache ich uns ein wunderbares Frühstück, und _____ (10) du fertig bist, frühstücken wir und fahren dann zum Segeln. _____ (11) wir einen super Segeltag hatten, kannst du am Abend noch mal lernen.

- ● Was täte ich nur ohne dich! _____ (12) wir zusammen sind, muss ich gar nicht mehr selber denken ...

Tipp ....

Wenn in der Vergangenheit etwas einmal passierte, gebraucht man *als*.
Wenn in der Vergangenheit etwas wiederholt passierte, gebraucht man *wenn*.
In Gegenwart und Zukunft gebraucht man auch *wenn*.
....

013 Fahrrad oder Motorrad?

Ergänzen Sie *weil* oder *obwohl*.

Ich glaube, ich möchte ein gutes Fahrrad kaufen,

1. *weil* ich gerne Sport mache.

2. _____ Rad fahren die Umwelt schont.

3. _____ ein Motorrad viel schneller ist.

4. _____ ich mich dann jeden Tag an der frischen Luft bewege.

5. _____ ich Motorrad fahren viel cooler finde.

6. _____ ich mit einem Motorrad auch weite Reisen machen kann.

7. _____ ich dann bald eine sehr gute Kondition haben werde.

8. _____ Motorrad fahren bequemer ist.

Oder soll ich lieber ein Motorrad kaufen,

9. _____ meine Freundin dagegen ist?

10. _____ ich schon lange davon träume?

11. _____ es viel teurer ist?

12. _____ mit dem Motorrad viele Unfälle passieren?

014 Wie im richtigen Leben

Verbinden Sie die folgenden Sätze mit den Konjunktionen *wenn*, *falls*, *weil* und *da*.

1. ● Markus, ich komme heute vielleicht ein bisschen später zu unserem Meeting,

   weil ich davor noch einen Zahnarzttermin habe.

   ■ In Ordnung, Jens. Sollen wir denn schon mit der Besprechung anfangen,

   _____ alle anderen schon da sind?

   ● Klar. _____ ich etwas Wichtiges verpasse, lese ich es im Protokoll nach.

2. ● Immobilienbüro Häusler, guten Tag!

   ■ Guten Tag, hier spricht Gerbach. Ich interessiere mich für die Zwei-Zimmer-

   Wohnung im Zentrum. _____ sie noch nicht vermietet ist, möchte ich sie

   gerne anschauen!

   ● Gern, Frau Gerbach. Wir haben zwar einen Interessenten, ____ er sich aber

   noch nicht entschieden hat, können Sie die Wohnung gerne besichtigen. Hätten

   Sie morgen Vormittag Zeit?

   ■ _____ es für Sie vor zehn Uhr möglich wäre, dann ja.

   ● Ja, das passt gut. Kommen Sie mit dem Auto?

   ■ Ja, warum?

   ● _____ es kaum Parkplätze gibt. Kommen Sie besser mit dem Bus!

3. ● Du, Brigitte, wollen wir übers Wochenende nach Salzburg fahren?

   ■ Das ist eine super Idee! _____ das Wetter schön ist, könnten wir gleich

   nächstes Wochenende fahren!

   ● Das übernächste wäre noch besser, ____ der 1. Mai ein Montag ist und wir

   so drei freie Tage hätten.

   ■ Schade, da kann ich nicht, _____ mein Vater Geburtstag hat.

   ● Na, _____ du einverstanden bist, fahren wir gleich am nächsten Wochenende!

Tipp ....

da steht bei einem Grund, der allgemein bekannt ist.
weil ist die Antwort auf die Frage *warum?*

....

015 Verschiedene Ziele und Pläne

Verbinden Sie die beiden Hauptsätze zu einem Haupt- und einem Nebensatz und benützen Sie *damit* oder *um … zu*.

Georg spart sein ganzes Geld, ...

1. Seine Kinder sollen einmal studieren können.

   damit seine Kinder einmal studieren können.

2. Er will sich einen Porsche kaufen.

   _____

3. Er möchte mit seiner Frau in zwei Jahren eine Weltreise machen.

   _____

   _____

4. Sein Haus soll in zehn Jahren renoviert werden können.

   _____

   _____

Sebastian baut einen Zaun um seinen Garten, ...

5. Von der Straße soll man nicht hineinschauen können.

   _____

   _____

6. Er möchte seine Ruhe haben.

   _____

Thomas kauft sich einen roten Ferrari, ...

7. Sein Chef soll ihn beneiden.

_____

8. Er möchte die Frauen beeindrucken.

_____

9. Er möchte sich einen Kindheitstraum erfüllen.

_____

_____

10. Er möchte nicht immer nur Porsche fahren.

_____

Tipp ....

Bei gleichem Subjekt im Haupt- und Nebensatz benützt man *um ... zu* statt *damit*.
Das ist stilistisch besser!

....

016 **... um braun zu werden!**

Ergänzen Sie *um, ohne* oder *anstatt ... zu*.

Margit legt sich im Garten in die Sonne, ...

1. *um* braun zu werden

2. _____ am Schreibtisch zu arbeiten.

3. _____ sich einzucremen.

Melanie flüstert im Deutschkurs mit ihrer Nachbarin, ...

4. _____ ihr von der letzten Verabredung mit Silvio zu erzählen.

5. _____ aufzupassen.

6. _____ nicht vor lauter Langeweile einzuschlafen.

Brigitta lernt den ganzen Tag, ...

7. _____ Pausen zu machen.

8. _____ morgen den Test zu bestehen.

9. _____ mit ihren Freunden ins Schwimmbad zu gehen.

017 **Wie haben die das geschafft?**

Ändern Sie die folgenden Sätze in einen Hauptsatz und einen Nebensatz mit *indem*.

1. Moritz hat das Abitur durch fleißiges Lernen geschafft.

   Moritz hat das Abitur geschafft,

   indem er fleißig gelernt hat.

2. Malte ist durch tägliches Training Schwimmweltmeister geworden.

   _____

   _____

3. Julius ist durch ein langes Studium Architekt geworden.

   _____

   _____

4. Raffaela hat durch tägliches Üben einen Musikpreis gewonnen.

   _____

   _____

5. Vincent ist durch das Schreiben eines Bestsellers reich geworden.

   _____

   _____

6. Alexander hat durch geduldiges Experimentieren eine tolle Erfindung gemacht.

   _____

   _____

7. Tatjana hat durch das Sammeln von Unterschriften gegen die Schließung der Firma protestiert.

   _____

   _____

8. Fritz ist durch das Spielen in Werbespots ein berühmter Filmschauspieler geworden.

   _____

   _____

018 Die Milchmädchenrechnung

Ergänzen Sie die Konjunktionen *um ... zu, damit, sodass, so ... dass, ohne ... zu*.

Wenn man von einer „Milchmädchenrechnung" spricht, dann meint man eine Rechnung
oder Planung, die von einer Illusion ausgeht und nicht ernst zu nehmen ist.
Hier ist die Geschichte von Jean de la Fontaine:

1. Es war einmal ein Bauernmädchen, das einen großen Eimer Milch in die Stadt trug,

   um ihn dort auf dem Markt *zu* verkaufen.

2. Sie träumte davon, mit der Milch ____ viel Geld zu verdienen, _____ sie davon

   ein paar Hühner kaufen könnte.

3. Die Eier von den Hühnern würde sie sammeln, ____ sie einmal pro Woche auf

   dem Markt ____ verkaufen.

4. Das gesparte Geld würde sich schnell vermehren, _____ sie davon ein

   Schwein kaufen könnte.

5. Das Schwein würde sie gut füttern, _____ es dick und fett würde und sie es

   für viel Geld verkaufen könnte.

6. Sie würde damit ____ viel Geld verdienen, _____ es für den Kauf einer

   Kuh reichen würde.

7. Und diese Kuh würde täglich Milch geben, _____ sie bald reich wäre.

8. Das Mädchen ging in Gedanken dahin, _____ auf den Weg ____ achten. Sie

   stolperte und die ganze Milch floss aus dem Eimer ...

Tipp ....

sodass braucht man, um eine Folge auszudrücken. Wenn man dabei das Adjektiv
besonders betonen möchte, benutzt man *so ..., dass*.

....

0

019 Befürchtet, erwartet oder erhofft

Verbinden Sie die passenden Satzteile mit *wie* oder *als*.

1. Die Fußballmannschaft spielte besser,

2. Das Ergebnis der Prüfung war so schlecht,

3. Der Bau der Autobahn dauerte länger,

4. Die Folgen des Klimawandels sind schlimmer,

5. Die Karten fürs Konzert sind so schnell verkauft worden,

6. Jakobs neue Freundin ist wirklich so hübsch,

7. Das Restaurant, das du mir empfohlen hast, fand ich nicht so gut,

8. Das Sturmtief dauert länger,

9. Der Zoobesuch hat meinen Kindern mehr Spaß gemacht,

10. Ich kann für das Auto nur so viel bezahlen,

a) _____ der Lehrer befürchtet hatte.

b) _____ die Wissenschaftler berechnet hatten.

c) _____ immer alle gesagt haben!

d) _____ geplant war.

e) _____ die Wettervorhersage es angekündigt hatte.

f) _____ ich dafür gespart habe.

g) _____ ihr Trainer erwartet hatte.

h) _____ sie geglaubt hatten.

i) _____ du gesagt hattest.

j) _____ es die Agentur gehofft hatte.

1.	2.	3.	4.	5.	6.	7.	8.	9.	10.
g)									

Tipp ....

Das Verhältnis in einem Vergleich ist gleich: *so ..., wie*

Das Verhältnis in einem Vergleich ist unterschiedlich: Komparativ + *als*

....

020 Ich habe noch Hunger!

Ergänzen Sie die Konjunktionen aus dem Kasten.

> nachdem • bis • damit • als • obwohl • so ... dass • da • als •
> wenn • während • nachdem • weil

1. Ich habe noch Hunger, _obwohl_ ich gerade eine Riesenportion Spaghetti gegessen habe.

2. Franz kocht das Abendessen, _____ Fritz die Zeitung liest.

3. Ich war das letzte Mal in Paris, _____ ich dort Claire besuchte.

4. Der Vogel blickte um sich, _____ er auf dem Dach gelandet war.

5. Das Buch war ____ gut, _____ ich nicht mehr aufhören konnte zu lesen.

6. Ich kann heute leider nicht mit euch ins Kino gehen, _____ich noch arbeiten muss.

7. Der Gärtner hat die Rosen mit Zweigen bedeckt, _____ sie im Winter nicht erfrieren.

8. _____ Johnny eine Flasche Whiskey getrunken hatte, konnte er nicht mehr klar sprechen.

9. _____ er sich in sie verliebt hat, trug sie einen roten Hut.

10. Ich möchte gern mitfahren, _____ du wieder nach Rom fährst.

11. ____ Charlie Chaplin ein großer Künstler war, wurde sein 100. Geburtstag groß gefeiert.

12. Ich warte, _____ du mit deiner Arbeit fertig bist, und dann gehen wir spazieren.

021 Lehrer Müllers „Weisheiten"

Bilden Sie Sätze mit *je … desto*.

Der Lehrer Müller – Spitzname „Sokrates"– denkt, dass er unglaublich klug ist, und stellt über alle möglichen und unmöglichen Dinge Regeln auf:

1. *Je länger die Schüler am Wochenende schlafen, desto schlechter sind sie in der Schule.*

   die Schüler / lang schlafen / am Wochenende • schlecht / in der Schule / sein

2. _____

   groß / das Interesse / an Latein • man / viel Geld / später / in seinem Beruf / verdienen

3. _____

   Kinder / viel Sport / machen • groß / werden

4. _____

   man / viel Hausaufgaben / machen • klug / werden

5. _____

   ein Junge / kurze Haare / haben • gut denken / können

6. _____

_____

_____

die Schüler / wenig sprechen • gut lernen

Tipp ....
Statt *je … desto* kann man auch *je … umso* benutzen.
....

022 *Du* oder *Sie*?

Markieren Sie die richtige Konjunktion.

Manchmal ist es schwierig zu entscheiden, *dass/ob* (1) man jemanden mit „Sie" oder

mit „du" anreden soll, *obwohl/weil* (2) es Regeln gibt: *Wenn/Als* (3) eine Dame einem

Herrn oder eine ältere Person einer jüngeren das Du anbietet, ist alles geklärt. Aber

oft kommt man in ein Gespräch, *ohne/anstatt* (4) die Situation grundsätzlich klären

zu können.

Dann vermeiden viele lieber eine direkte Anrede, *anstatt/um* (5) ihren Gesprächspartner

nicht zu beleidigen. *Ob/Wenn* (6) man siezt, könnte der Angesprochene denken: „Sehe

ich so alt aus?", *sobald/falls* (7) er lieber geduzt würde. Und *ob/wenn* (8) man duzt,

könnte er denken: „Habe ich das erlaubt?"

Trotzdem beginnen die meisten Erwachsenen neue Kontakte mit der Anrede „Sie",

wenn/damit (9) es keine Probleme gibt. *Falls/Obwohl* (10) beide später das Du

wünschen, können sie es ja besprechen.

Wirklich einfach ist es, *während/bevor* (11) man eine Schule oder Universität besucht.

Da/Obwohl (12) hier nur Gleichaltrige sind, sagen natürlich alle „du" zueinander.

023 Sind Sie abergläubisch?

Ergänzen Sie die richtigen Konjunktionen aus dem Kasten.

> um ... zu • ~~damit~~ • anstatt ... zu • nachdem • falls • während •
> seitdem • wenn • wenn • um ... zu • bevor • seitdem • damit • wenn

Für ihre Schülerzeitung haben Jens und Dörte zum Thema „Aberglauben" eine Umfrage organisiert. Hier sind ein paar Antworten der Passanten auf die Frage, ob sie abergläubisch sind:

1. Nein, eigentlich nicht. Aber in meinem Geldbeutel trage ich doch immer

   einen Glückscent, *damit* mir das Geld nicht ausgeht! _____ es

   doch stimmt, bin ich auf der sicheren Seite!

2. Oh ja, leider! Ich denke, man könnte leichter

   leben, _____ man nicht abergläubisch wäre.

   Aber ich meide schwarze Katzen und die

   Zahl 13, _____ kein Pech _____ haben. Außerdem schenke ich meinen Freunden oft

   Glücksbringer, _____ sie viel Glück haben.

3. Früher war ich es nicht. Aber _____ ich einen größeren Lottogewinn

   hatte, _____ ich ein vierblättriges Kleeblatt gefunden hatte, bin ich

   doch ein bisschen abergläubisch geworden.

4. So ein Blödsinn! Leute sind nur abergläubisch, _____ für die Konsequenzen ihres

   Handelns nicht selbst verantwortlich _____ sein!

5. Eigentlich nicht. Aber _____ meine Kinder eine Schulaufgabe schreiben, wünsche

   ich ihnen „Viel Glück!", _____ sie in die Schule gehen. Und dann schaue ich auf

   die Uhr, denn _____ sie schreiben, drücke ich ihnen die Daumen und denke

   fest an sie ...

6. Nicht mehr, _____ ich einen Spiegel zerbrochen habe. Man sagt ja, _____

   ein Spiegel zerbricht, hat man sieben Jahre lang Pech. Da habe ich beschlossen,

   _____ jetzt depressiv _____ werden, glaube ich lieber nicht mehr an so was!

P Nomen

P0 **Wenn einer eine Reise plant ...**

Bestimmter oder unbestimmter Artikel? Markieren Sie.

Vor *einer/der* (1) Reise muss man an viele verschiedene Sachen denken. Fährt man mit

einem/dem (2) Auto oder mit *einem/dem* (3) Zug? Wer kann in *einer/der* (4) Zeit *eine/die* (5)

Katze füttern? Wenn man *ein/das* (6) Sonderangebot gefunden hat, passt es manchmal

nicht zu *einer/der* (7) Urlaubszeit und man muss sich mit *einem/dem* (8) Chef und

einen/den (9) Kollegen einigen. Dann muss man *ein/das* (10) Hotel aussuchen und

ein/das (11) Zimmer buchen. *Ein/Das* (12) Zimmer sollte ruhig und sauber sein, aber man

sieht es nur *in einem / im* (13) Internet oder in *einem/dem* (14) Prospekt – *eine/die* (15)

schwierige Entscheidung!

Ergänzen Sie die Pluralform. Vorsicht: Ist ein Umlaut nötig?

Dann das Reisegepäck: Zu viele (16) Koffer _-_ und (17) Tasche__ sind unpraktisch,

also sollten ein paar (18) Hose__, (19) Pullover__ und (20) Kleider__ zu Hause bleiben.

Wichtiger sind die (21) Dokument__! Früher musste man (22) Landkarte__ und

(23) Stadtpl__n__ mitnehmen, heute haben die (24) Reisende__ alle nötigen

(25) Information__ meistens in ihren (26) Handy__.

Dativ oder Akkusativ? Ergänzen Sie.

Der Tag der Abreise ist gekommen. Nun muss man (27) d*en* Schlüssel (28) d____

Nachbarn geben, damit der (29) d____ Blumen gießen, (30) d____ Briefkasten leeren und

im Notfall (31) d____ Tür öffnen kann. Dann sagt man vielleicht noch (32) d____ Eltern oder

(33) d____ Geschwistern „Auf Wiedersehen" und beginnt, meistens ein bisschen aufgeregt,

(34) d____ Reise. Man hofft, dass es (35) k_____ unangenehmen Überraschungen gibt.

Allerdings sind das die Abenteuer, die man später gern (36) d____ Freunden erzählt!

> **Das kann ich schon:** Bestimmter und unbestimmter Artikel / Pluralformen /
> Dativ-Objekt und Akkusativ-Objekt

P1 Ein Neugeborenes

Ändern Sie die präpositionale Ergänzung
mit *von* in eine Genitivergänzung.

Nachbarin:	Nein, ist DER aber süß! Wie heißt er denn?
Mutter:	Balthasar Eberhard. Das sind die Namen von seinen Großvätern.

Das sind die Namen seiner Großväter. (1)

Nachbarin:	Ach ...! Sieht er ihnen denn ähnlich?
Mutter:	Ich glaube ja, er hat die Nase von seinem Großvater Balthasar.

_____ (2)

Nachbarin:	Aber er hat doch die Nase vom Vater!

_____ (3)

Vater:	Ja, ich habe ja auch die Nase von meinem Vater!

_____ (4)

Nachbarin:	Aber der Mund ist ganz sicher der von seiner Großmutter.

_____ (5)

	Gerade gestern habe ich sie getroffen.
Mutter:	Finden Sie?
Nachbarin:	Ja, und die Haarfarbe – auch die von der Großmutter!

_____ (6)

Mutter:	Tja, vielleicht ...
Nachbarin:	Und das ist der Bruder? Nein, so eine Ähnlichkeit! Das sind doch tatsächlich die Augen von seinem Brüderchen!

_____ (7)

Mutter:	Sieht man auch irgendwie, dass es MEIN Kind ist?
Nachbarin:	Ja, das runde Gesicht! Das ist doch wirklich wie das von der Mutter!

_____ (8)

Mutter:	Auf Wiedersehen, wir müssen jetzt dringend einkaufen gehen!

> **Tipp** ....
>
> **Genitivendungen**
> Maskulin und Neutrum → Endung *-(e)s* + *-(e)s* am Nomen
> (*des/eines/meines Mannes, des/eines/meines Kindes*)
> Feminin und Plural → Endung *-(e)r*
> (*der/einer/meiner Frau, der/meiner Eltern*)
> ....

P2 Ende des Monats

Ergänzen Sie in der richtigen Form, wo es nötig ist.

1. Ende _des_ (der) Monat_s_ bekomme ich mein Gehalt. Einen Teil davon überweise ich auf das Konto _____ (mein) Sohn___, der gerade in Berlin studiert.

2. Der Erfolg _____ (ihr) Buch____ „Harry Potter" hat J. K. Rowling weltberühmt gemacht.

3. Die Farbe _____ (das) Kleid____ gefiel ihr, allerdings fand sie die Qualität _____ (der) Stoff____ schlecht.

4. Wer ist das? – Das ist der Besitzer _____ (unser) Haus___.

5. Die Eltern _____ (die) Kinder _____ (die) Klasse__ 5a kamen zusammen, um über Herrn Müller__ Vorschlag abzustimmen.

6. Ende _____ (dieses) Jahr____ mache ich mit meinem Mann eine Reise nach Südafrika.

7. Erzähl mir doch mal die Handlung _____ (der) Film__, dann weiß ich, ob ich ihn anschauen möchte!

8. Gestern habe ich Moritz____ Freundin kennengelernt. – Und, wie findest du sie?

9. Birgit__ Schwester kommt heute Abend auch mit ins Kino. – Muss das sein?

10. Der Besitzer _____ (der) Wagen__ mit dem Kenzeichen M-KJ 3456 möchte bitte zum Ausgang kommen! Sie haben die Ausfahrt _____ (die) Garage__ blockiert!

11. Hast du Frau Wagner__ neues Cabrio gesehen? Richtig schick! – Ja, die hat die Erbschaft _____ (ihr) Mann____ schnell ausgegeben.

12. Haben Sie jetzt nach der Pensionierung viel Zeit für sich? – Nein, eigentlich nicht. Den größten Teil _____ (mein) Zeit__ verbringe ich mit der Pflege _____ (unser) Garten__ und der Organisation _____ (das) Büro__ meines Sohnes.

P3 Frisch verliebt

Ergänzen Sie die Endungen, wenn nötig.

- Stella, ich habe mich verliebt! Ich habe im Urlaub einen so netten Franzose_n_ (1) kennengelernt, einen Biologe__ (2)!

- Stell dir vor, ich auch! Ich habe mich in einen Italiener__ (3) verliebt, einen Kollege__ (4) aus meiner Firma. Er heißt Umberto Tiziano Adriano.

- Ui! So einen langen Name__ (5) habe ich noch nie gehört!

- Ja, aber er wird Uta genannt – man spricht nur immer die ersten Buchstabe__ (6) seiner Vornamen.

- Und was ist mit dem Polizist____ (7), mit dem du letzte Woche verabredet warst?

- Ach, der war langweilig. Der hat den ganzen Abend__ (8) nur davon erzählt, wie er sich mit einem Demonstrant____ (9) gestritten hat. Du weißt schon, die Demonstration letzte Woche am Denkmal des Friede____ (10). Aber was ist jetzt mit deinem Franzose__ (11)?

- Ach du, ich kann keinen klaren Gedanke__ (12) mehr fassen. Ständig muss ich an Jean denken! Hätte ich mich doch in einen Deutsche__ (13) verliebt, der wäre wenigstens in der Nähe__ (14)! Ich muss mal dem Direktor__ (15) unserer Niederlassung in Paris schreiben, vielleicht brauchen die ja eine Praktikantin!

- Aber du hast diesen Chef__ (16) in Paris doch immer als keinen sehr netten Mensch____ (17) beschrieben!

- Ja, das stimmt. Ich würde dann eben in die Höhle des Löwe__ (18) gehen. – Aber muss man nicht dem Ruf seines Herz_____ (19) folgen? ...

- Wie romantisch!

Q Adjektive

Q0 Den gelben oder den blauen?

Ergänzen Sie die Adjektivendungen, wo es nötig ist.

1. ■ Soll ich den gelb*en* oder den blau____ Stoff für mein neues Kleid nehmen?

   ● Beide sind schön__. Aber vielleicht steht dir der gelb__ etwas besser!

2. ■ Heute ist so ein kühl____ Abend. Schade, ich hatte gedacht, es wäre warm__

   genug zum Grillen.

   ● Nein, es bläst so ein kalt____ Wind. Lass uns das Grillen aufs Wochenende

   verschieben, da soll es richtig__ heiß__ werden!

3. ■ Ich habe gerade kein spannend____ Buch zum Lesen. Hast du einen Tipp?

   ● Sicher, ich habe in letzter Zeit viel__ toll__ Bücher gelesen.

4. ■ Ach, ich liebe Verdi-Opern! Sind die nicht einfach__ fantastisch ?

   ● Na, ich weiß nicht ... Die bunt____ Kostüme gefallen mir ja ganz gut__, aber die

   singen alle so laut__. Und am Schluss ist mindestens einer tot__!

   ■ Du bist ein schrecklich____ Ignorant!

5. ■ Was gibt es heute zum Essen?

   ● Japanisch____ Reis mit gebraten____ Fisch, grün____ Salat und frisch____ Obst.

   ■ Mh, das klingt ja fantastisch__!

6. ■ Nein, diesen schmutzig____ Pullover kannst du wirklich nicht mehr anziehen!

   ● Wieso? Ich trage ihn erst den zweite__ Tag!

   ■ Aber es macht einen seltsam____ Eindruck, wenn du zu einer schön____ Einladung

   so lässig__ gekleidet__ kommst!

   ● Na gut, dann mache ich mich eben hübsch__ und elegant__!

Das kann ich schon:
Adjektiv ohne Endung, wenn es allein steht.
Adjektiv mit Endung vor einem Nomen, dabei ist die Endung abhängig vom Artikelwort.

Q1 Wissenswertes über Extreme

Ergänzen Sie die Adjektive in der richtigen Form im Komparativ und Superlativ.

1. ■ Kennst du einen *höheren* (hoch) Baum als den Mammutbaum „Hyperion"?

   ● Nein, der ist mit 115,5 Metern der _____ (hoch) Baum der Welt.

2. ■ Kennst du ein _____ (lang) Kreuzfahrt-Schiff als die „Harmony of the Seas"?

   ● Nein, die ist mit 362 Metern das _____ (lang).

3. ■ Kennst du ein _____ (schwer) Tier als den Elefanten?

   ● Ja, den Blauwal – aber der Elefant ist mit sieben Tonnen das _____

   (schwer) Landtier.

4. ■ Kennst du eine _____ (schnell) Raubkatze als den Geparden?

   ● Nein, der ist mit 110 km/h überhaupt das _____ (schnell) Landtier

   der Erde.

5. ■ Gibt es ein Landtier, das _____ (weit) wandert als das Karibu?

   ● Nein, mit 6 000 km legt das Karibu den _____ (weit) Weg zurück.

6. ■ Gibt es ein Tier, das _____ (alt) wird als die Schildkröte?

   ● Nein, mit im Durchschnitt 150 Jahren ist die Galapagos-Riesenschildkröte das Tier

   mit der _____ (hoch) Lebenserwartung.

Tipp ....

Das Adjektiv steht im Komparativ und Superlativ vor einem Nomen:
Komparativ: Komparativform + Adjektivendung
(*hoch: höher → der höhere Baum*)
Superlativ: Adjektivendung folgt dem **-st**
(*hoch: am höchsten → der höchste Baum*)

....

Q2 Wusstest du schon …?

Komparativ oder Superlativ? Ergänzen Sie die Adjektive in der richtigen Form.

Wusstest du schon, …

1. dass es für die *meisten* (viel) Kinder keine _____ (langweilig)

   Beschäftigung als einen Spaziergang gibt?

2. dass es für viele Menschen die _____ (schwer) Entscheidung ihres

   Lebens ist, zu kündigen und die viel _____ (unsicher) Situation

   eines Selbstständigen zu wählen?

3. dass die Autos von heute einen deutlich _____ (geringer) Benzin-

   verbrauch als die _____ (alt) haben?

4. dass _____ (teuer) Produkte nicht immer eine _____ (gut) Qualität

   als andere haben und man oft nur _____ (viel) für die Markennamen bezahlt?

5. dass viele Frauen auch heute noch ein _____ (niedrig) Einkommen

   als Männer in denselben Berufen und Positionen haben?

6. dass die _____ (häufig) Nachnamen in Deutschland „Müller" und

   „Schmid" sind?

7. dass nur 1 % der Weltbevölkerung ein _____ (hoch) Einkommen als

   45 000 Euro im Jahr hat?

8. dass man mit _____ (groß) Wahrscheinlichkeit von einer Kokosnuss

   erschlagen als von einem Hai angegriffen wird?

Q3 Selbst erlebte Geschichten

Formen Sie den Relativsatz zu einem Partizip Präsens oder Perfekt um und ergänzen Sie die Partizipien in der richtigen Form.

1. Mein Großvater kann stundenlang von Abenteuern erzählen, die er selbst erlebt hat.

   Mein Großvater *kann stundenlang von seinen selbst erlebten Abenteuern*

   erzählen.

2. Helga trägt nur Kleider, die sie selbst genäht hat.

   Helga trägt _____

3. Ich esse am liebsten warmen Apfelkuchen, der noch dampft.

   Ich esse am liebsten warmen, _____

4. Der alte Herr verkauft seine Briefmarken, die er über lange Jahre gesammelt hat.

   Der alte Herr verkauft seine _____

   _____

5. Der Vater trägt seinen Sohn, der schläft, ins Bett.

   Der Vater trägt seinen _____

6. Die Bankräuber waren mit einem Auto, das sie gestohlen hatten, auf der Flucht.

   Die Bankräuber waren _____

   _____

7. Morgen machen wir eine Tour mit unseren Fahrrädern, die wir gerade neu

   gekauft haben.

   Morgen machen wir eine Tour _____

   _____

8. Der Fahrer des Lkw hat nach dem Unfall, den er verursacht hat,

   Fahrerflucht begangen.

   Der Fahrer des Lkw hat _____

   _____

Q4 Ein Reisender

Bilden Sie Nomen und ergänzen Sie in der richtigen Form.

1. Ein Mann, der reist, ist ein *Reisender*.

2. Eine Frau mit deutscher Nationalität ist eine _____.

3. Leute, die in einer Firma angestellt sind, sind die _____
    dieser Firma.

4. Ein Mann, den niemand kennt, ist ein _____.

5. Wenn man in einer Stadt fremd ist, ist man ein _____.

6. Wenn einer zu viel getrunken hat, ist er ein _____.

7. Leute, die bei einem Unfall verletzt wurden, sind _____.

8. Ein Mann, der gefangen genommen wurde, ist ein _____.

9. Leute in jugendlichem Alter sind _____.

10. Wenn ich Leute nur kenne, aber nicht mit ihnen befreundet bin, sind das
    meine _____.

11. Einer, der seine Arbeit verloren hat, ist ein _____.

12. Zwei Menschen, die sich verliebt haben, sind _____.

13. Ein Mädchen mit blonden Haaren ist eine _____.

14. Personen, die mit mir verwandt sind, sind meine _____.

15. Ein Mensch, der gestorben/verstorben ist, ist ein _____.

Q5 Die vier Jahreszeiten

**Attributives Adjektiv, Komparativ, Superlativ, Partizip oder nominalisiertes Partizip?
Ergänzen Sie in der richtigen Form.**

Der Frühling ist eine (1) *wunderbare* (wunderbar) Jahreszeit. Überall (2) _____

(blühen, Part. Präs.) Frühlingsblumen, (3) _____ (duften, Part. Präs.) Bäume

und (4) _____ (frisch) Grün an den Bäumen – kaum eine Jahreszeit gibt einem

(5) _____ (viel, Komp.) Lebensfreude als der Frühling. Nicht umsonst beschließen

(6) _____ (verlieben, nominal. Part.) oft, im Mai zu heiraten. Das (7) _____

(gut, Superl.) aber ist, dass noch ein (8) _____ (lang) Sommer vor einem liegt!

Der Sommer bringt (9) _____ (heiß) Tage, die zum Schwimmen in (10) _____

(kühl) Seen einladen. Auch die Nächte sind (11) _____ (warm, Komparativ) und

viele (12) _____ (deutsch, nominal. Part.) verbringen ihre Abende gern in

(13) _____ (gemütlich) Biergärten oder Straßencafés.

(14) _____ (sicher) Wetter gibt es allerdings nicht, und so machen viele das,

was sie (15) _____ (gern, Superl.) machen: in den Urlaub fahren.

Deutschland ist ein Land von (16) _____ (reisen, nominal. Part.)!

Der Herbst mit seinen bunt (17) _____ (färben, Part. Perf.) Blättern kann

noch (18) _____ (mild) oder auch (19) _____ (stürmisch) Wetter

bringen. Beim Wandern kann man sehen, dass die Natur ein letztes Mal ihr

(20) _____ (schön, Superl.) Kleid trägt, bevor der Winter kommt.

Der Winter lässt die Menschen ihr (21) _____ (gemütlich) Zuhause

genießen, wenn es draußen schneit, ein (22) _____ (bitterkalt) Wind

weht und die (23) _____ (niedrig, Superl.) Temperaturen im

(24) _____ (ganz) Jahr herrschen. Glücklich ist, wer eine (25) _____ (gut) Tasse

Tee und vielleicht sogar einen (26) _____ (wärmen, Part. Präs.) Kamin hat!

Aber es gibt sie auch, die (27) _____ (sonnig) Tage, an denen man auf

(28) _____ (lang) Spaziergängen die (29) _____ (verschneien, Part. Perf.)

Landschaft genießen kann.

R Präpositionen

R0 Energie am Morgen

Ergänzen Sie die fehlenden Präpositionen und Artikel.

1. Wenn *am* Morgen der Wecker klingelt, springt Doris sofort _____ _____ Bett.

2. Sie geht _____ Badezimmer, stellt sich _____ _____ kalte Dusche und singt so laut, dass sich ihr Mann die Bettdecke _____ _____ Kopf zieht.

3. ___ _____ Küche stellt sie die Kaffeetassen _____ _____ Tisch und nimmt die Milch _____ _____ Kühlschrank.

4. Dann joggt sie _____ Bäcker und kommt _____ frischen Brötchen zurück.

5. _____ _____ Frühstück sieht sie ____ Fernsehen die Nachrichten und stellt sich dabei _____ den Kopf, weil das gut _____ den Kreislauf sein soll.

6. Nun stellt sie die Espressokanne _____ _____ Herd und klopft laut ____ ____ Schlafzimmertür, um ihren Mann zu wecken.

7. Sie nimmt den fertigen Espresso _____ Herd und trinkt gleich zwei Tassen _____ Zucker.

8. _____ ein paar Minuten kommt ihr Mann und setzt sich ____ ____ Frühstückstisch.

9. Sofort erzählt sie ihm alles, was ihr _____ _____ Kopf geht, doch er versteckt sich lieber _____ seiner Zeitung.

> **Das kann ich schon:**
> Adjektiv ohne Endung, wenn es allein steht.
> Adjektiv mit Endung vor einem Nomen, dabei ist die Endung abhängig vom Artikelwort.

R1 Trotz des starken Regens

Formen Sie die Nebensätze in präpositionale Ergänzungen mit *wegen* oder *trotz* um.

1. Das Fußballspiel findet statt, obwohl starker Regen fällt.

   Das Fußballspiel findet _trotz des starken Regens_ statt.

2. Frau Huber geht ins Büro, obwohl sie eine schwere Erkältung hat.

   Frau Huber geht _____

   ins Büro.

3. Rüdiger hat das Flugzeug verpasst, weil sein Zug Verspätung hatte.

   Rüdiger hat _____

   das Flugzeug verpasst.

4. Das Konzert musste abgesagt werden, weil die Nachfrage zu gering war.

   Das Konzert musste _____

   abgesagt werden.

5. Der Torwart kann nicht an der Weltmeisterschaft teilnehmen, weil er eine Verletzung

   am Knie hat.

   Der Torwart kann _____

   nicht an der Weltmeisterschaft teilnehmen.

6. Die Fahrradtour wurde nicht abgesagt, obwohl ein heftiges Gewitter niederging.

   Die Fahrradtour wurde _____

   nicht abgesagt.

7. Linda las den spannenden Roman fertig, obwohl sie Kopfschmerzen hatte.

   Linda las den spannenden Roman _____

   fertig.

8. Marilyn Monroe war kein glücklicher Mensch, obwohl sie viel Geld und großen

   Erfolg hatte.

   Marilyn Monroe war _____

   _____ kein glücklicher Mensch.

R2 Außerhalb unserer Geschäftszeiten

Markieren Sie die richtige Präposition und ergänzen Sie die fehlenden Endungen.

1. Leider rufen Sie *während/außerhalb* unser*er* Geschäftszeiten an. Diese sind Montag bis Freitag von 8 Uhr bis 12 Uhr. Auf Wiederhören.

2. *Innerhalb/Während* d____ Gottesdienst____ ist das Fotografieren verboten.

3. Das Projekt sollte *innerhalb/während* ein____ Jahr____ abgeschlossen sein.

4. *Außerhalb/Innerhalb* d____ Unterrichtszeit dürfen die Schüler ihre Handys anmachen.

5. *Innerhalb/Während* ein____ Konzert__ sollte man nicht essen, was man *während/außerhalb* ein____ Kinovorstellung ruhig tun darf.

6. Kredite müssen *außerhalb/innerhalb* ein____ bestimmten Frist zurückgezahlt werden.

7. *Während/Außerhalb* d____ Öffnungszeiten d____ Theaterkasse kann man keine Karten reservieren.

8. Bei manchen Lehrern dürfen die Schüler *innerhalb/während* d____ Unterricht__ keinen Kaugummi kauen.

9. Ein Landarzt muss auch *außerhalb/während* sein____ Sprechzeiten für seine Patienten erreichbar sein, besonders auch *innerhalb/während* d____ Wochenend____.

R3 **Der Weg zum Picknickplatz**

Ergänzen Sie die Präpositionen aus dem Kasten.

hinter • innerhalb • entlang • auf • in • über • gegenüber •
an • außerhalb • vor • nach • ~~entlang~~ • zu

Für Sonntagnachmittag hat Elfriede ein großes Picknick mit Freunden organisiert, doch eine Freundin kann nicht mit allen zusammen fahren. Sie kommt etwas später nach, kennt aber den Weg zu der Wiese nicht, auf der das Picknick stattfinden soll. Elfriede beschreibt den Weg.

1. Du fährst mit deinem Fahrrad etwa zwei Kilometer den Fluss *entlang*.

2. Dann, dem Gasthaus „Brückenfischer" _____, führt ein kleiner Feldweg

    ____ den Wald hinein.

3. Dem folgst du eine ganze Weile. Noch _____ des Waldes, kurz ____

    dem Ende, kommst du ____ einer Kreuzung und fährst _____ links.

4. Diesen Weg _____ fließt ein kleiner Bach.

5. Nach 200 Metern kommst du ____ ein Tor, das in eine große Schafweide hineinführt.

    Du darfst mit dem Fahrrad _____ diese Schafweide fahren.

6. Sobald du dich wieder _____ dieser Schafweide befindest, siehst du

    einen großen, alten Baum _____ einer Wiese.

7. Und wenn du richtig gefahren bist, findest du uns _____ diesem Baum!

Tipp ....

   entlang steht immer nach dem Nomen.
   gegenüber kann vor- oder nachgestellt werden, bei einem Pronomen wird
   es immer nachgestellt.

....

R4 Ein Ferienhaus in der Toskana

Welche Präposition aus dem Kasten passt? Ergänzen Sie auch die fehlenden Artikel und Endungen.

> innerhalb von • wegen • ab • ~~inmitten~~ • bis zum • entlang • während •
> um • außerhalb • trotz • gegenüber • an/zu • für • von

Ferienhaus in der Toskana zu vermieten!

Ein malerisches Ferienhaus erwartet Sie, _inmitten_ d_er_ (1) traumhaften Landschaft

der Toskana gelegen. Es liegt etwas _____ ein____ (2) alten italienischen

Kleinstadt, doch alle wichtigen Geschäfte sind schnell zu erreichen. ____ d____ (3) Stadt

herum finden Sie duftende Pinienwälder. _____ d____ (4) Haus befindet sich

ein schmaler Bach. Wenn Sie dies____ Bach _____ (5) wandern, gelangen Sie

____ ein____ / ____ ein____ (6) einsamen Strand. _____ Ihr____ (7) Haus _____ (8)

Meer brauchen Sie etwa eine halbe Stunde zu Fuß.

Auch alle interessanten Kulturschätze der Toskana erreichen Sie

_____ (9) zwei Autostunden.

Für näher gelegene Ziele können Sie _____ Ihr____ Urlaub__ (10) gerne die

hauseigenen Fahrräder benutzen.

_____ d____ (11) gemäßigten Mietpreises bietet das Haus allen Komfort. Sogar einen

Kamin finden Sie im Wohnraum, was _____ manch____ noch kühl____ (12) Abende

im Frühjahr sehr angenehm sein kann.

Das Haus kann ____ d____ (13) letzten Aprilwoche jeweils mindestens _____ (14) zwei

Wochen gemietet werden.

Wir freuen uns auf Sie!

Tipp . . . .

innerhalb und _außerhalb_ werden manchmal mit _von_ kombiniert und stehen
dann mit dem Dativ. Dies gilt besonders für die gesprochene Sprache.
(_innerhalb des Gartens → innerhalb von dem Garten_).

. . . .

S **Pronomen**

S0 **Ein Fortbildungstag**

Ergänzen Sie die passenden Reflexiv-, Personal- oder Possessivpronomen bzw. Possessivartikel.

> er • ~~Ihnen~~ • mir • unser • meine • ihm • uns • seine • ihren •
> mich • unseren • mir • mich • wir • ihr • meine

Zwei Kollegen unterhalten sich über ihren letzten Fortbildungstag.

- ■ Und, wie hat *Ihnen* (1) der Fortbildungstag gefallen?

- ● Gut eigentlich! Ich kann _____ (2) vorstellen, dass _____ (3) dieser Tag viel gebracht hat. Schade, dass _____ (4) Chef nicht dabei war. Besonders der Vortrag des Motivationstrainers hätte _____ (5) gut gefallen!

- ■ Das denke ich auch! Wo war ____ (6) eigentlich? Er hat nur _____ (7) Assistentin geschickt.

- ● Er ist doch die ganze Woche auf Geschäftsreise bei _____ (8) neuen Partnern in Frankreich.

- ■ Richtig, das hatte die Assistentin ja gesagt. _____ (9) Beitrag zur Erneuerung des Betriebssystems fand ich ein bisschen langweilig ...

- ● Aber enorm wichtig! Ich interessiere _____ (10) auch nicht so für die technischen Einzelheiten, aber _____ (11) Abteilung wartet schon lange auf das neue System.

- ■ Na gut, ändern können _____ (12) es sowieso nicht. Ich muss jetzt nach Hause, _____ (13) Frau wartet schon auf _____ (14)!

- ● Sagen Sie _____ (15) bitte viele Grüße von _____ (16)!

- ■ Danke, gern!

Das kann ich schon:
Reflexivpronomen, Personalpronomen, Possessivpronomen und Possessivartikel

S1 Einkaufs-Tortur

Ergänzen Sie die Antwort des Mannes mit dem richtigen indefiniten Pronomen.

Das sieht man oft: Eine Frau ist mit ihrem Mann beim Einkaufen. Die Frau ist interessiert bei der Sache, sieht sich alles kritisch an und wählt. Der Mann ist eher gelangweilt und ein bisschen genervt …

1. ● Welche Schuhe soll ich nehmen, die weißen

   oder die schwarzen?

   ■ Ich weiß auch nicht. Nimm doch irgend*welche*!

2. ● Welchen Pullover soll ich nehmen, den aus Baumwolle oder den aus Wolle?

   ■ Ich weiß auch nicht. Nimm doch irgend_____!

3. ● Welches T-Shirt soll ich nehmen, das mit den Blumen oder das mit den Herzchen?

   ■ Ich weiß auch nicht. Nimm doch irgend_____!

4. ● Welche Hose steht mir besser, die Jeans oder die Cordhose?

   ■ Sind beide gut. Nimm einfach irgend_____!

5. ● Welchen Anzug nehmen wir für dich, den gestreiften oder den karierten?

   ■ Ach, ich brauche doch eigentlich gar k_____!

6. ● Und welche Krawatte passt besser dazu?

   ■ Ist doch egal, nimm einfach irgend_____.

7. ● Was für Socken brauchst du, dunkelblaue oder dunkelbraune?

   ■ Keine Ahnung. _____ soll ich denn nehmen?

8. ● Und mit was für Schuhen möchtest du zur Konferenz gehen?

   ■ Ich weiß auch nicht. Ich gehe einfach mit irgend_____!

9. ● Sollen wir einen neuen Mantel für dich kaufen oder passt dir der alte noch?

   ■ Es sind doch noch zwei im Keller. _____ wird mir schon noch passen!

10. ● Oh, schau mal, so ein schönes Tuch! Welches gefällt dir am besten?

    ■ Alle! Nimm einfach irgend_____ und dann gehen wir endlich nach Hause …

S2 Es regnet!

Setzen Sie, wo nötig, *es* ein.

1. Heute regnet *es* schon den ganzen Tag.

2. Mir ist _____ kalt, bitte schließe das Fenster!

3. Spürst du die kalte Luft? _____ wird Winter.

4. Maxi, geh ins Bett, _____ ist schon spät!

5. Ich weiß _____ nicht, wer das ist.

6. Hierbei handelt _____ sich um ein Versehen.

7. _____ kamen über 2 000 Leute zu der Demonstration.

8. _____ werden jedes Jahr neue Hotels gebaut.

9. In der Altstadt wird _____ ein neues Museum eröffnet.

10. Schnell, ich habe _____ eilig!

11. Romeo, _____ wird schon hell!

12. Ich hoffe, dir geht _____ gut!

13. _____ ist mir egal, ob dir das gefällt oder nicht, ich fahre allein in den Urlaub!

14. _____ kann doch nicht wahr sein, dass unser neues Auto schon wieder kaputt ist!

15. Morgen sind _____ schon sieben Jahre, dass wir verheiratet sind.

S3 Ist es wirklich verboten?

Bilden Sie Sätze und verwenden Sie *es*, wo es notwendig ist.
Setzen Sie auch die Verben in die richtige Form.

1. verboten • im Museum • sein • , • • zu fotografieren • .

    Es ist verboten, im Museum zu fotografieren.

2. gehört haben • du • , • an der Tür • geklingelt haben • ob • ?

3.   schön • in Deutschland • ? • du • finden

_____

4.   das Schulhaus • in den Ferien • . • renoviert werden

_____

_____

5.   möglich • ? • sein • , • in München • zu finden • ein billiges Hotel

_____

_____

6.   schmecken • ? • dir • wirklich

_____

7.   zur Konferenz • 250 Teilnehmer • erwartet werden • .

_____

_____

8.   man • im Mai • fühlen • können • , • bald • werden • . • Sommer • dass

_____

_____

9.   in den Bergen • . • geschneit haben • die ganze letzte Woche

_____

_____

10.   mir • , • gefallen • sich interessieren • für Musik • so sehr • . • du • dass

_____

_____

Lösungen

Teil 1 **Wortschatz**

A   Kontakte, Informationen zur Person

A1   (2) aktiv (3) Familienname (4) Vorname
(5) Geburtsdatum (6) Nationalität
(7) Straße   (8) Hausnummer (9) Postleitzahl
(10) Wohnort (11) Vorwahl (12) Telefon
(13) Mobiltelefon (14) E-Mail (15) Beiträge
(16) Konto (17) Ermäßigung (18) Unterschrift

A2   (2) sich vorzustellen (3) nennen
(4) bin von Beruf (5) Im Augenblick
(6) halbtags (7) angestellt (8) arbeitslos
(9) Arbeitsplatz (10) berufstätig
(11) Kindergarten (12) Stelle
(13) Bereich (14) beschäftigt

A3   1. vorstellen, Angenehm 2. Studium,
kennenzulernen 3. bekannt machen

A4   1. selbstverständlich, melde mich, Messe
2. Visitenkarte, gebe

A5   (2) privaten (3) Dame (4) Person
(5) älteren (6) Situation (7) Beruf
(8) beachtet (9) erfährt (10) gelten
(11) Bereich (12) Kunden (13) Mitarbeitern

A6   2. Faxnummer 3. Partner 4. Geburtsort
5. allein 6. Freundin

A7   1. Familie 2. Jugendliche 3. Jugend, Handys
4. Erwachsene 5. Verwandte, Tanten,
Cousinen, Schwiegereltern 6. Geschwister
7. Familienangehörigen

A8   2. Europa, europäische 3. Asien, asiatische
4. Afrika, afrikanische 5. Australien,
australische

A9   2. Asiatin 3. Afrikaner 4. Europäer
5. Australierin

A10   2. Papiere 3. Personalien 4. Senioren,
Dokument 5. verlängern 6. gültig,
ausstellen 7. Heiratsurkunde

8. Bewerbung 9. ausfüllen, erhalten, senden
10. Staatsbürger 11. europäischen, Staaten,
kontrolliert

A11   2. Bulgarien 3. Dänemark
4. Deutschland 5. Estland 6. Finnland
7. Frankreich 8. Griechenland
9. Großbritannien 10. Irland 11. Italien
12. Kroatien 13. Lettland 14. Litauen
15. Luxemburg 16. Malta 17. Niederlande
18. Österreich 19. Polen 20. Portugal
21. Rumänien 22. Schweden   23. Slowakei
24. Slowenien 25. Spanien 26. Tschechien
27. Ungarn 28. Zypern

B   Familie, Freunde und Beziehungen

B1   2. die Ehefrau 3. der Großvater
4. die Cousine 5. die Mutter
6. der Sohn 7. der Cousin 8. die Schwester
9. die Tochter 10. die Großmutter
11. der Bruder 12. der Onkel
13. die Tante 14. die Nichte
15. der Neffe

B2   2. Auftrag, Beziehungen 3. pflegt,
Kontakte 4. Zufall, kennengelernt,
gemeinsam 5. zufällig 6. persönlich
7. zusammen 8. vertrauen, Bekannte, eng
9. gewöhnen, duzen 10. sagt, Du 11. siezt
12. Team 13. einander 14. bekannt

B3   2. Liebesbeziehung 3. verliebt,
mit zusammen ist 4. leben zusammen
5. unterstützt 6. Partner, Freundin
7. streichelte, zärtlichen Kuss

B4   2. Ehe 3. Ehepaar, verheiratet 4. Gatten,
gemeinsamen 5. Gattin 6. Hochzeit

B5   1. schwul 2. homosexuelle, lesbische
3. Sex 4. mit schlafen, eine Beziehung hat

B6   2. streitet sich 3. lügt 4. sich getrennt
5. beleidigt 6. diskutieren

B7 2. Einladung, ausgezeichnet
3. Veranstaltung, Besuch 4. Schulfest, Besteck
5. Geburtstagsfeier, absagen
6. annehmen, zugesagt 7. spendieren,
lehnte ab 8. mich verabschieden, mich
bedanken 9. sind zu Besuch
10. Verabredung, Treffen
11. gab einen aus 12. nahm an teil
13. mitbringen 14. Stimmung, uns über
unterhalten, geführt

B8 2. c) 3. g) 4. f) 5. b) 6. e) 7. a)

C **Charakter, Eigenschaften und
Einstellungen**

C1 1. streng 2. wütend, blöde 3. nett
4. zufrieden, zuverlässig, lieb 5. glücklich
6. Geduld, gerecht, gut gelaunt 7. stolz
8. komisch 9. neugierig
10. unsympathisch, Witze 11. unzufrieden
12. nervös 13. Typ 14. ernster 15. Art

C2 2. sympathisch 3. ernst 4. glücklich
5. passiv 6. schlecht gelaunt 7. lustig
8. faul 9. dumm

C3 blonde, Figur, sportlich, starker, treuen,
ehrlichen, Konzert, Kunst, Literatur
Attraktiver, Humor, Temperament, schlank,
hübsche, um gemeinsam, genießen, ernst

C4 (2) mutig (3) fleißig (4) feige (5) Zweifel
(6) treu (7) ehrlich

C5 2. ein Gesicht 3. groß 4. blass 5. dünn
6. doof 7. schick

C6 2. danken 3. Brief 4. eine Diskussion
5. einen Brieffreund 6. eine Antwort
7. eine Post

C7 1. mit Absicht 2. ärgere mich
3. sich wohlfühlte 4. Laune 5. hasse
6. Freude 7. beschlossen 8. freut sich auf
9. sich über gefreut 10. bin enttäuscht,
Hoffnungen 11. Mit, ist zufrieden
12. aufgeregt 13. fürchtet sich
14. regte sich auf 15. sich entschlossen,
freiwillig

D **Körper und Gesundheit**

D1 2. die Nase 3. der Mund 4. der Hals
5. der Arm 6. der Bauch 7. das Bein
8. das Knie 9. der Fuß 10. die Haare (Pl)
11. das Auge 12. das Ohr 13. die Zähne (Pl)
14. die Schulter 15. der Rücken
16. die Brust 17. die Hand
18. der Zeh / die Zehe

D2 2. eincremen 3. sehen 4. atmen
5. schminken 6. föhnen 7. niesen
8. sprechen 9. hören

D3 1. die Lunge 2. das Herz 3. die Leber
4. der Magen 5. der Darm

D4 2. Der Darm 3. Die Lunge 4. Die Leber
5. Der Magen

D5 (2) müde (3) wach (4) ausgeruht
(5) einschlafen (6) aufgeregt (7) Schlaf
(8) Ruhe (9) Klo (10) muss mal (11) geträumt
(12) aufgewacht (13) Traum 14) fühle wohl
(15) Stress (16) durstig (17) Termin
(18) schwitze (19) Fieber (20) Zustand
(21) krankzumelden

D6 2. taub, gehörlos 3. stumm 4. blind
5. körperbehindert

D7 2. Herr Wagner kauft einen Rasierapparat,
eine neue Zahnbürste und Zahnpasta.
3. Lisa braucht einen Lippenstift, eine
Nagelbürste und eine Nagelschere.
4. Paula muss in der Drogerie Binden,
Tampons und eine Sonnencreme kaufen.
5. David will sich einen neuen Föhn und
Kontaktlinsen besorgen.

D8 (2) erwartete Kind (3) Schwangerschaft
(4) Müdigkeit (5) krankschreiben (6) kräftig
(7) Hebamme (8) brachte zur Welt (9) Geburt
(10) Kraft (11) erholte

D9 (2) Erkältung (3) Husten (4) Schmerzen
(5) huste (6) Infektion (7) Antibiotikum
(8) Tablette (9) Rezept (10) schmieren ein
(11) untersuchen (12) Sprechstunde
(13) Überweisung (14) Vertretung (15) Praxis
(16) Termin (17) Quartal (18) Versicherungs-
karte (19) Wartezimmer

D10 1. gebrochen 2. Besuch, Abteilung
3. Operation, Spritze 4. Spezialist, Bericht
5. Aufgaben, pflegen 6. Krankenkasse
7. Pflaster, Salben 8. Spray 9. Wunde, blutete,
Tropfen 10. Ansteckungen, schützen
11. runtergestürzt, verbrannt.

D11 (2) irgendwann (3) tötet (4) Team
(5) Autors (6) herausgefunden (7) täglich
(8) Bier (9) betrunken (10) Vermutlich
(11) geschüttelt (12) kontrollieren
(13) empfehlen (14) reduzieren (15) ernst
(16) positiv

D12 1. Feuerzeuge 2. Tabak 3. Machen aus
4. Pfeife, Filter 5. leichte, Gesundheit
6. Zigaretten, Automaten

E **Wohnen und Hausarbeit**

E1 (2) Studentenwohnheim (3) ausziehen
(4) Appartement (5) leisten (6) Semester
(7) Wohngemeinschaft. (8) Einfamilienhaus
(9) Erdgeschoss (10) vergrößert (11) Stock
(12) entstanden (13) vermieteten
(14) allerdings (15) Mieter (16) Altersheim
(17) umziehen (18) Eigentumswohnung
(19) Hochhaus (20) Lage (21) in der Nähe
(22) Hof (23) Spielplatz (24) Kellerabteil
(25) Tiefgarage

E2 2. In den Nebenkosten sind Heizung,
Wasser und Hausmeisterkosten enthalten.
3. Den Mietvertrag müssen Mieter und
Vermieter unterschreiben. 4. In unserem
Wohnblock wohnen viele Familien mit
Kindern. 5. Sie hat ein Zimmer zur Unter-
miete bei einer alten Dame.

E3 2. mieten 3. umziehen/übersiedeln
4. einziehen 5. liegt

E4 (2) Wohnung (3) genau (4) Ecke (5) ruhig
(6) Nebenstraßen (7) Lift (8) Toilette
(9) Kaution (10) üblichen (11) Nebenkosten
(12) liegen (13) besichtigen (14) zeigen.

E5 2. inklusive. 3. unbequem. 4. gemütlich.
5. abschließen. 6. dreckig. 7. wunderschön.
8. praktisch. 9. dunkel. 10. funktioniert.
11. modern 12. inbegriffen.

E6 (2) Baugenehmigung (3) Baufirma
(4) Pläne (5) Architekten (6) Wohnfläche
(7) Erdgeschoss (8) Eingang (9) Gästetoilette
(10) Flur (11) Küche (12) Esstisch
(13) Wohnbereich (14) Offene (15) zwar
(16) riecht (17) aufräumen.

E7 (2) Schlafzimmer (3) Kinderzimmer
(4) Badezimmer (5) Badewanne
(6) Fenstern (7) entschieden
(8) Dachgeschoss (9) Gästezimmer
(10) Dusche (11) Keller (12) Räumen
(13) erkennt (14) einrichten
(15) Handwerkern (16) Elektriker
(17) geplant

E8 2. der Schreibtischstuhl 3. das Sofa
4. das Kissen 5. der Teppich 6. die Vase
7. das Bett 8. der Schrank 9. der Sessel
10. die Lampe 11. das Fenster
12. der Vorhang 13. das Regal
14. die Garderobe 15. der Spiegel
16. der Hocker 17. das Bild 18. die Bank
19. der Tisch 20. der Stuhl

E9 2. die Kaffeemaschine 3. das Geschirr
4. die Uhr 5. der Elektroherd
6. der Backofen 7. der Kühlschrank
8. die Spülmaschine 9. die Spüle
10. der Wasserhahn

E10 2. der Spiegel 3. die Zahnbürste
4. die Badewanne 5. die Badeente
6. das Waschbecken 7. das Handtuch
8. das Toilettenpapier 9. die Toilette /
das Klo

E11 1. Trinkwasser 2. Öl, Gas 3. Ofen, Holz
4. Zentralheizung, Kohle 5. Strom
6. Stecker, Steckdosen 7. Stromleitungen
8. Kabel 9. Elektrogeräte, elektrische
10. brennt, Glühbirne

E12 2. heizen 3. drücken 4. einstecken

E13 2. Boden wischen 3. backen 4. braten
5. spülen 6. abtrocknen 7. aufräumen
8. Wäsche aufhängen 9. Betten machen
10. Fenster putzen 11. bügeln 12. fegen

E14 (2) trennen (3) Mülltonnen (4) Papier
(5) Kompost (6) Abfall (7) Kunststoff (8) Glas
(9) Metall

E15 (2) Mülleimer (3) entsorge (4) Mülltonne
(5) ordentlich (6) Witze (7) Essensreste
(8) Gartenabfälle (9) werfe weg

F   Natur, Wetter und Jahreszeiten

F1 (2) Ort (3) Stadtrand (4) umgezogen
(5) Zentrum (6) Fabrik (7) dort (8) Industrie
(9) auf dem Land (10) in der Nähe von
(11) Bach (12) Umgebung (13) Bauernhöfe
(14) Wiesen (15) fühlen uns wohl

F2 (2) Im Süden (3) Im Westen (4) Im Norden

F3 (2) Landschaft (3) Berge (4) Kohle (5) Luft
(6) Smog (7) Fluss (8) Ufer (9) blonden
(10) kämmte (11) sanken (12) Stelle

F4 (2) Meer (3) Insel (4) Küste (5) Nordsee
(6) wandern (7) Strand (8) Praktikum
(9) Organisation (10) Nationalpark
(11) schützt

F5 2. der Zweig 3. der Ast 4. das Nest
5. das Gras 6. die Wurzel

F6 2. wachsen, abschneiden 3. pflücken
4. pflücken 5. blühen

F7 2. Flossen 3. beißen 4. Bienen
5. schwimmen 6. angeln 7. Insekten
8. Hühner 9. Krokodile 10. Hunde

F8 2. das Küken 3. die Maus 4. das Lamm
5. die Kuh 6. das Fohlen 7. das Kalb
8. die Henne 9. das Ferkel 10. der Stier
11. das Pferd 12. der Stall 13. das Schwein
14. der Maulwurf 15. das Schaf

F9 2. der Elefant 3. der Bär 4. der Pinguin
5. das Krokodil 6. der Löwe 7. die Schlange
8. die Schildkröte 9. der Affe

F10 1. b) 2. b) 3. b) 4. b)

F11 2. bewölkt 3. Regenschauer 4. Regen
5. Gewitter 6. Schneeregen 7. Schnee
8. Nebel

F12 (2) frisch (3) kühl (4) sonnig (5) Rasen
(6) blühen (7) besonders (8) macht aus
(9) riecht (10) Sommer (11) Gras (12) ist
gewachsen (13) Bauern (14) Wiesen
(15) Schwimmbad (16) Sonne (17) Hitze
(18) Grad (19) Schatten (20) kommt vor

(21) Gewitter (22) Nebel (23) Temperaturen
(24) angenehm (25) Allerdings (26) regnen
(27) blasen (28) früh (29) sinken
(30) gefrieren (31) Spaziergänge (32) Blätter
(33) Pilze (34) Tage (35) Nächte (36) nass
(37) schneit (38) Schnee (39) Stadion
(40) See (41) friere (42) Kamin (43) Glatteis
(44) gefährlich (45) glatt (46) Stau

F13 1. vorhergesagt, Wolke 2. Wettervorhersage,
Tief, Sonnenschein, bleibt 3. Donner, Blitz
4. Frost 5. geschneit, glatt, Glatteis, Salz

F14 2. bewölkt 3. gefriert 4. Hitze 5. frieren

G   Reisen und Verkehr

G1 (2) kommt dahin (3) Auto (4) Fähre
(5) verbringen (6) Sehenswürdigkeiten
(7) Wanderungen (8) flexibler (9) Ferien-
wohnung (10) Internet (11) Appartement
(12) entfernt (13) Ferien (14) Flieger
(15) Swimmingpool (16) gebucht
(17) entspannend (18) mich kümmern

G2 1. das Moped, das Motorrad, der Reisebus,
der Bus, das Taxi, das Auto, das Fahrrad
2. die Straßenbahn, die U-Bahn, die S-Bahn,
der Zug 3. das Boot, das Schiff, die Fähre
4. der Hubschrauber, das Flugzeug

G3 1. Schnellzug 2. Taxistand 3. Haltestelle
4. Endstation 5. Station 6. Verspätung,
Durchsage

G4 1. ich suche, wo ist 2. komme ich 3. Gibt es
4. brauche ich 5. links, rechts, immer
geradeaus 6. das weiß ich nicht, ich bin fremd
hier, ich kenne mich in der Gegend hier nicht
aus, ich bin nicht von hier 7. Empfang

G5 (2) Sehenswürdigkeiten (3) Denkmäler
(4) Prospekt (5) Veranstaltungen
(6) Ausstellungen (7) Galerien
(8) Reiseführer (9) sehenswert
(10) Eintrittskarten (11) Warteschlange
(12) Führungen (13) besichtigt
(14) Tickets (15) ausschließlich (16) online
(17) reservieren (18) Informationen
(19) geschehen

G6 1. Motels 2. Fremdenzimmern 3. Camping-
platz, Zelt 4. Jugendherberge, untergebracht
5. Übernachtung

G7 (2) günstig (3) Einzelzimmer (4) Doppelzimmer (5) inklusive (6) Frühstücksbuffet
(7) Vollpension (8) Halbpension
(9) reservieren?

G8 1. Empfangshalle 2. Füllen aus, Daten
3. Lift, Gast 4. Zimmerservice, Gericht
5. Frühstücksraum 6. Vollpension,
Speisesaal 7. Aussichtsterrasse,
Swimmingpool, Hotelbar

G9 2. wecken 3. stören 4. das Zimmermädchen

G10 (2) zwar (3) Richtung (4) Haltstelle
(5) umsteigen (6) aussteigen (7) dich beeilst
(8) Verbindung (9) kriegst (10) Steig ein
(11) klappt (12) verpasst (13) erst
(14) hol ab

G11 2. die Stewardess / die Flugbegleiterin
3. der Busfahrer 4. der Zugführer
5. der Zugbegleiter 6. der Kellner
7. der Koch 8. das Zimmermädchen
9. der Portier 10. der Matrose
11. der Kapitän 12. die Reiseleiterin

G12 (2) Erste (3) Zweite (4) Verbindung
(5) Hauptbahnhof (6) Rückfahrt
(7) reservieren (8) Fensterplatz
(9) macht (10) Fahrschein (11) Wagen
(12) Sitz (13) Reise

G13 2. entwerten 3. Abteil 4. Speisewagen

G14 1. Schließfach, Gepäckaufbewahrung,
Verspätung 2. Rucksack, liegen lassen,
Fundbüro 3. E-Book, eingepackt
4. transportieren, Gepäckannahme, gebe auf

G15 2. Waggon 3. retour 4. Schlafwagen

G16 (2) Pass (3) Gepäck (4) Handgepäck
(5) Band (6) wiegt (7) Übergepäckgebühren
(8) Bordkarte (9) Boarding (10) Gate
(11) rechtzeitig (12) Sicherheitskontrolle
(13) Beginns (14) Passagiere

G17 2. abfliegen 3. Ankunft 4. landen
5. Verspätung 6. Buchung 7. Start
8. planen

G18 2. Ihr Lufthansaflug 342 nach München ist
zum Einsteigen bereit. 3. Bitte legen Sie
Ihre Sicherheitsgurte an. 4. Unsere voraus-
sichtliche Flugzeit beträgt zwei Stunden.

G19 1. stürzte, Mountainbike 2. kommt,
gelaufen, fährt 3. anschnallen 4. Leihwagen,
nirgendwo 5. halten 6. Parkplätze
7. abholen 8. Kreuzung 9. überholen
10. bremste rechtzeitig 11. Werkstatt
12. Gehweg, Strafzettel 13. Fußgängerzone,
schieben 14. Schild, stehen bleiben

G20 1. Einbahnstraße 2. Verkehr 3. gesperrt
4. Stau 5. Umleitung, Nebenstraßen
6. Ausfahrt 7. Geschwindigkeitsbeschränkun-
gen, geblitzt 8. Unfall, Ampel, rufen
9. Tankstelle, volltanken 10. Verkehrskontrolle
11. gesperrt 12. Strafe
13. stoppte, Geschwindigkeit

G21 2. das Visum beantragen 3. das Visum
wird ausgestellt / das Visum bekommen
4. einreisen 5. das Visum läuft ab
6. das Visum verlängern lassen 7. ausreisen

G22 (2) Waren (3) Staaten (4) Grenzen
(5) verdächtige (6) Fahrzeuge (7) verhindern
(8) Verbrecher (9) Drogenhändler

G23 1. Zoll bezahlen 2. Zollbeamte, Waren
3. Ausweis 4. gültig 5. Stempel 6. Einreise-
genehmigung 7. Ausland 8. Ausländern,
Mitbürgern 9. sich ausweisen 10. ausführen
11. exportiert 12. Währung 13. Staatsange-
hörigkeit, Papiere

H **Essen und Trinken**

H1 (2) Frühstück (3) Kaffee (4) Kakao (5) Müsli
(6) Honig (7) Vormittags (8) Mittagessen
(9) Nudeln (10) Soße (11) Gemüse
(12) Sandwich (13) Pizza (14) Kantine
(15) Nachmittag (16) Obst (17) Abendessen
(18) Wurst

H2 2. ernähren, Hausmeister, Kiosk 3. hungrig

H3 (2) gekochte (3) gebacken (4) gebratene
(5) gegrillte (6) Knoblauch (7) vom Grill

H4 2. Stück 3. Schachtel 4. Schale
5. Päckchen 6. Paket 7. Packung
8. Kasten/Kiste 9. Flasche 10. Glas
11. Tasse 12. Schluck 13. Dose
14. Becher 15. Tüte

H5 2. Beilage 3. Hauptspeise 4. Öl 5. scharfen,
Senf 6. Zucker, da drüben 7. nachschenken

H6 2. g) 3. b) 4. e) 5. f) 6. h) 7. c) 8. a)

H7 2. roh 3. weich 4. bitter 5. kühl 6. kalt, warm
7. trocken 8. zäh, braten 9. hart 10. fett
11. faul 12. haltbar bis 13. salzig, mild
14. gewürzt 15. vegetarisch 16. biologisches

H8 2. Aprikosen 3. Zwiebeln

H9 1. Menüs 2. Bar 3. Café, Mensa 4. Gasthaus
5. Raststätte 6. Lokal empfehlen
7. Gaststätte 8. habe Lust, Imbiss-Stand

H10 1. Jugendliche 2. betrunken 3. Schnaps
4. Wein 5. einschenken 6. Weinkarte
7. Bier 8. Reichst, beschwipst 9. Limonade
10. heißes Getränk, Gewürzen 11. Getränke
12. Mineralwasser

H11 das Bonbon, die Schokolade, das Eis,
die Torte, der Kuchen

H12 2. zubereitet, Topf, gibst dazu, rührst,
schüttest dazu, kocht, umrühren,
nachschütten 3. gekühlt lagern
4. einfrieren, tiefgekühlten 5. gefroren

H13 2. Teig 3. Bratkartoffeln 4. Scheibe
5. Weinglas

H14 2. der Suppenteller 3. der kleine Teller
4. die Kaffeekanne 5. die Kaffeetasse
6. die Untertasse 7. die Salatschüssel
8. die Pfanne 9. der Deckel 10. der Topf

I Geschäfte und Einkaufen

I1 (2) mitbringe (3) Tomaten (4) Soße (5) Hackfleisch (6) Metzgerei (7) Rind (8) Schwein
(9) Wurst (10) nimm mit (11) Feiertag
(12) Schinken (13) Würstchen (14) Grillen
(15) Bäcker (16) bestimmt (17) Einkaufsliste
(18) merken

I2 1. Markt 2. Läden, Marken 3. Drogerie
4. Kaufhaus 5. selten, Buchhandlung
6. Kiosk

I3 2. Kekse 3. Forellen 4. Fleisch

I4 2. d) 3. e) 4. a) 5. c) 6. g) 7. f)

I5 1. beachten 2. Verkäufer 3. Schlange
4. reduziert, Ware 5. aufheben, Garantie
6. hole 7. Schaufenster 8. Selbstbedienung,
bediene 9. Preisschild 10. Tüte 11. Prozent,
Rabatt 12. ausgeben 13. reklamieren
14. etwas gegen 15. günstig

I6 (2) Tüte (3) Waren (4) Produkte
(5) komisch (6) Bananen (7) Tomaten
(8) direkt (9) Eingang (10) frisch
(11) genauso (12) Spezielle (13) lecker
(14) Angebot (15) Kunde (16) sich wohlfühlt
(17) je, desto (18) Regal (19) Höhe
(20) günstigeren (21) Händler (22) Extra
(23) sogenannte (24) Zigaretten (25) auffällt
(26) passen auf (27) Schild (28) Sonderangebot (29) preiswerter (30) höheren
(31) häufiger (32) Vorsicht (33) sogar
(34) Vergleichen

I7 1. leihen 2. Geldschein 3. Münze
4. Bargeld, Scheck 5. Währung, Franken
6. Banknote 7. Kreditkarte, bar
8. Überweisungen, Gebühren 9. Kleingeld

I8 2. niedrig 3. günstig 4. gratis

I9 2. eine Uniform 3. Jeans 4. Unterwäsche
5. ein Regenmantel 6. die Badetücher, deine
Badehose, meinen Bikini 7. Stiefel 8. Hut
9. Schal

I10 1. Faden 2. Seide 3. reiner Wolle
4. Baumwolle 5. Jackentasche

I11 2. eleganten, schicken 3. schmutzig, dreckig
4. bunt, sportlich 5. kurzes, einfaches,
elegantes 6. altmodisch 7. bunt, farbig,
einfarbig

I12 2. passt, medium 3. Kabine 4. trägt
5. umziehen 6. passt zu 7. anhatte
8. anprobieren

I13 1. Schmuck, Kette 2. Uhr, gestohlen 3. echt
4. Silber, Gold 5. Batterie

I14 2. der Klebstoff 3. die Schraube
4. die Schnur 5. der Nagel 6. die Schere
7. der Hammer 8. die Zange
9. der Schraubenzieher 10. die Bohrmaschine 11. die Säge 12. der Dübel
13. der Haken 14. der Pinsel
15. die Wasserwaage

Post, Behörden, Bank, Polizei und Feuerwehr

J1 2. der Absender 3. die Briefmarke
4. die Adresse / die Anschrift 5. die Postleitzahl 6. das Päckchen 7. das Paket
8. die Ansichtskarte 9. der Briefträger
10. der Briefkasten 11. der Schalter

J2 1. ausfüllen 2. aufgeben 3. schicken, schwer,
Höchstgewicht, Formular 4. Ausland
5. abholen, Abholschein 6. Postlagernd,
Empfänger 7. bekommen, kriegen,
Schalter 8. erhalten, Express 9. Postfach
10. ausreichend frankieren, kleben,
Europas, Cent

J3 2. erkundigen 3. verkürzen 4. ausstellen
5. informieren 6. einhalten 7. erlauben
8. stellen 9. versäumen 10. ausstellen,
bewilligen 11. anmelden

J4 2. Botschaft, Ausland 3. Ausländer 4. um Asyl
bitten 5. Fundbüros 6. Dokumente

J5 2. Heb ab, Ruhe 3. ausgeschaltet, während
4. Faxgerät 5. Handy, telefonieren 6. Anruf
7. Sprche mit, sich verwählt 8. Verbindung
9. per, erreichen 10. Anrufbeantworter,
Nachricht, rufe zurück 11. auflegen
12. Vorwahl, wählen 13. Auskunft

J6 1. checken 2. vereinbart, gesendet
3. online, erledigen, Senden 4. Laptop
5. Stecker 6. Kabel 7. Leitungen
8. Ortsgespräche 9. verbinde 10. den Hörer
11. Der Tarif 12. googeln 13. chatte
14. den Link

J7 (2) Geldautomaten (3) Geheimzahl
(4) bezahlt (5) Geld abheben (6) eingegeben
(7) EC-Karte

J8 2. bei der Bank, am Geldautomaten, am
Schalter 3. eröffnen, haben 4. einlösen,
auszahlen lassen, ausstellen 5. bekommen,
bezahlen 6. machen, abbezahlen, haben

J9 1. Verkehr 2. Parkverbot 3. gestohlen,
Anzeige 4. Sicherheit, Polizeikontrollen
5. Strafzettel 6. stehen bleiben
7. Feuerwehr 8. Krankenwagen 9. Tote

J10 2. bekommen 3. holen 4. bestrafen
5. retten 6. töten 7. haben 8. verhindern

K **Schule, Ausbildung und Beruf**

K1 (2) bereits (3) auf vorbereitet
(4) Grundschule (5) dauert (6) in der Regel
(7) Noten (8) Fächern (9) entweder
(10) Gymnasium (11) Schuljahr
(12) Ausbildung (13) Lehre (14) Betrieb
(15) Jugendlichen (16) Realschulabschluss
(17) studieren (18) Abitur (19) Universität
(20) Schulsystem (21) unterschiedlichen

K2 2. der Rucksack 3. der Klebestift
4. die Tafel 5. der Schwamm
6. das Whiteboard 7. der Beamer
8. das Heft 9. die Mappe 10. der Block
11. der Bleistift 12. der Radiergummi
13. der Spitzer 14. der Schnellhefter
15. das Federmäppchen 16. das Lineal
17. das Geodreieck

K3 2. das Arbeitsblatt 3. der Kugelschreiber
4. der Ordner 5. die Wasserfarben
6. der Filzstift 7. das Flipchart

K4 2. lernen 3. lesen 4. aufschreiben
5. notieren 6. ankreuzen 7. mitschreiben
8. rechnen 9. zeichnen 10. malen
11. singen 12. zuordnen

K5 2. anmelden 3. Erklärst 4. abschreiben
5. aufpasst, konzentrierst, Hausaufgaben
6. Notiert 7. melde dich 8. Korrigierst
9. unterrichte 10. Schulfach, Glauben,
Unterricht

K6 2. Englisch 3. Geographie 4. Physik
5. Biologie 6. Geschichte 7. Latein
8. Chemie 9. Religion

K7 2. Für jede Aufgabe gibt es nur eine richtige
Lösung. 3. Hilfsmittel wie Handys oder
Wörterbücher dürfen nicht benutzt werden.
4. Schreiben Sie eine Einleitung und einen
Schluss zu der Geschichte. 5. Kreuzen Sie die
richtige Lösung auf dem Antwortbogen an.
6. Sie lesen Kommentare zu einem Artikel.
7. Lösen Sie sieben Aufgaben. 8. Wählen Sie
bei jeder Aufgabe die richtige Lösung.

K8 2. Das Modul Hören besteht aus vier Teilen. 3. Schreiben Sie etwas zu allen vier Punkten. 4. Übertragen Sie die Lösungen auf den Antwortbogen. 5. Erklären Sie den Inhalt und die Struktur Ihrer Präsentation. 6. Achten Sie auf den Textaufbau. 7. Reagieren Sie auf die Rückmeldung.

K9 1. bestanden 2. Resultat 3. schaffen 4. bewerten 5. Kursteilnehmer, Prüfung 6. vorbereitet 7. durchschnittlich 8. Zertifikat 9. Examen 10. Diplom, anerkannt 11. Zeugnis, Hochschule 12. schriftlich, mündlich 13. löse 14. Referat 15. benotet

K10 2. die Stimme 3. Das Fremdwort 4. eine Zusammenfassung 5. ein Wörterbuch 6. Begründen 7. übersetzen 8. nennen 9. fließend 10. fällt mir leider nicht ein 11. korrigieren 12. seine Muttersprache 13. Deutsch als Zweitsprache

K11 2. Kenntnisse 3. Direktor 4. Semester

K12 2. der Automechaniker 3. die Arzthelferin 4. der Bäcker 5. die Hausfrau 6. die Polizistin 7. der Bauarbeiter 8. die Stewardess 9. die Sekretärin

K13 2. Raumpflegerin/Putzfrau 3. Lehrer 4. Verkäufer 5. Friseurin (CH: Coiffeurin)

K14 1. der Taxifahrer / die Taxifahrerin 2. der Arzt / die Ärztin, der Krankenpfleger / die Krankenschwester 3. der Florist / die Floristin, der Metzger / die Metzgerin 4. der Architekt / die Architektin, der Installateur / die Installateurin, der Maler / die Malerin, der Elektriker / die Elektrikerin

K15 2. Stelle, selbstständig 3. Beamte 4. Job 5. Arbeitsplatz 6. Angestellte 7. kenne mich aus, Computerspezialist 8. berufstätig

K16 2. anstrengend 3. angenehm 4. gefährlich 5. geistig arbeiten

K17 1. Aufgaben 2. Organisation 3. Bereich, verkauft 4. leitet 5. Projekt 6. Sitzung 7. entwickelt 8. Verantwortung 9. Stress

K18 2. Betrieb 3. Werkstatt 4. Firma 5. Fabrik 6. Kasse

K19 2. wechseln 3. Stellenangebot, mich um bewerben 4. gekündigt 5. arbeitslos 6. sich vorstellen 7. Aufträge, Entlassungen

K20 1. Streik, fordern, Lohnerhöhung 2. streikten 3. Überstunden 4. verdient 5. sinken 6. steigen

K21 (1) Azubis, Bewerbung, Gehaltsvorstellung (2) Praktikum (3) Vollzeit, schriftlich

K22 (2) interessiert (3) zurzeit (4) Erfahrungen (5) Fähigkeiten (6) Ziele (7) beginnen (8) Vorstellungsgespräch

K23 2. mailen, ausdrucken 3. speichern, kopieren 4. einlegen, brennen 5. anlegen

K24 2. Tastatur 3. Maus 4. Modem 5. Netz 6. checken 7. twittere 8. Laufwerk

L **Freizeit und Kultur**

L1 2. Feiertag, Kurzurlaub machen 3. verbringen, Gebirge 4. habe Ferien 5. Urlaub genommen 6. ist im Urlaub 7. Wochenende 8. Freizeit 9. Feierabend 10. In den Ferien 11. Dienst 12. Ferien

L2 2. Karten spielen 3. Ski fahren 4. Tennis spielen 5. Handball spielen 6. Volleyball spielen 7. Golf spielen 8. joggen 9. klettern 10. rudern 11. segeln 12. tauchen

L3 1. Bilder 2. erkennen, vergrößern 3. hat gezeichnet 4. Fotografen 5. Handy, Akku 6. Basteln, Schere 7. Kunst, Ausstellung 8. Farben

L4 2. Glück 3. werfen 4. Spielzeug 5. Computerspiele 6. Puppe

L5 2. im Vorverkauf, an der Abendkasse 3. bestellen, kaufen, reservieren 4. geschlossen, zu 5. auf, geöffnet 6. Tickets, Eintrittskarten 7. sehr günstig, sehr teuer, frei 8. war begeistert, applaudierte, klatschte

L6 2. Garderobe 3. Reihe, Mitte 4. Schlangen 5. Notausgang

L7 1. Klavier 2. Orchester 3. Konzert, klassische 4. Oper 5. Sängerin, Musikgruppe 6. Noten 7. Musik 8. Band 9. Stimme 10. Ballett 11. Eintrittskarten, Stehplätze, Sitzplätze, ausverkauft 12. Lied, Hit 13. Zuschauer, Musiker

L8 2. Kultur 3. Kunst 4. Literatur 5. Diskussion 6. öffentlich 7. Gesellschaft

L9 1. Theater 2. bekanntes 3. Vorstellung 4. Rolle 5. Handlung

L10 1. ansehen 2. Schauspieler 3. Film 4. Hauptdarsteller 5. DVD 6. Stars

L11 (1) beantragt (2) beachten (3) Vorschriften (4) Aufnahme (5) Höhe (6) Millimeter (7) Behörden (8) kontrolliert (9) strengen (10) notwendig (11) vergleicht (12) gespeichert

L12 2. -turm 3. Denkmal 4. Gebäude 5. -kirche 6. Schloss

L13 2. Mannschaft 3. Spiel, Tor 4. Trainer 5. Training 6. Verein, trainieren 7. Sportplatz. 8. Spieler, Profi 9. geschossen 10. Team 11. Gegner, siegen 12. steht, führt 13. Ergebnis, unentschieden 14. fit

L14 2. Versammlung 3. Klub, ab und zu 4. treffen, Fahrgemeinschaften 5. Verein, treibe Sport

L15 2. gesendet 3. hört 4. zuschauen 5. spreche 6. aufgenommen 7. empfangen

L16 2. der Bildschirm 3. die Fernbedienung 4. der CD-Player 5. der Lautsprecher 6. der Radioapparat

L17 2. Chatten, Chatroom 3. Blogs, bloggt 4. User 5. twittern, Follower

L18 2. Spielfilme, privaten, Werbung 3. Nachrichtensendung 4. Wetterbericht 5. Serie, Krimi 6. Studio 7. Bericht

L19 2. Taschenbuch 3. Bücherei 4. Dichter, Schriftsteller 5. Inhalt 6. Titel 7. Journalist

L20 2. bekannt 3. hässlich 4. ernst 5. super 6. schlecht

M **Politik und Gesellschaft**

M1 1. Unglück 2. gefährlich 3. Lage, ernst 4. aktuellen 5. Gleichberechtigung 6. kritisch 7. Neuigkeiten, Informationen 8. Schlagzeilen, Katastrophen

M2 2. wollen, fordern, verlangen 3. lösen 4. machen, fordern

M3 (2) Volk (3) Demokratie (4) Bürger (5) Recht (6) Staaten (7) Politiker (8) vertreten (9) Wahlen (10) geheim (11) zwingen, (12) wählen (13) überträgt (14) Vertreter (15) auf Zeit

M4 2. vier 3. vertreten 4. eine Partei. 5. entschieden

M5 2. Mehrheit 3. die Regierung 4. Wahlpflicht 5. abstimmen 6. freiwillig

M6 2. loben 3. demonstrieren 4. streiken 5. reformieren 6. verhandeln 7. kritisieren

M7 2. a) 3. e) 4. f) 5. g) 6. b) 7. c)

M8 2. Außenminister 3. Innenminister, zuständig 4. Parlament 5. Bundeskanzlerin, Amt 6. berät 7. stimmt ab, Mehrheit, zustimmen 8. Parteien, CDU, CSU, SPD

M9 (1) ursprünglichen (2) Arbeiter (3) Ziele (4) Gerechtigkeit (5) unterstützen (6) Sozialsystems

M10 (2) Bundesländern (3) Programm (4) christlichen (5) verpflichtet (6) konservative (7) Unternehmen (8) Staat (9) Schulden (10) Umweltschutz (11) friedliche (12) Kulturen (13) Gesellschaft (14) entstanden

M11 1. niedrige 2. Unterstützung 3. gerechten, unterstützen, fair 4. arm, durchschnittlichen

M12 (2) Organisation (3) Frieden (4) regelmäßig (5) Konflikte (6) Lösungen (7) Rolle (8) Krieg (9) Vorschläge (10) lösen (11) schickt (12) Soldaten (13) kämpfen (14) Streit (15) Gegnern

M13 (2) weltweit (3) Soldaten (4) töten (5) eingesetzt (6) militärisches (7) Waffen (8) schießen

M14 (2) Bereiche (3) produzieren (4) Handel
(5) Versicherungen (6) Landwirtschaft
(7) Autoindustrie (8) Nahrungsmittelindustrie

M15 1. Angebot, Produkt, Ware 2. eröffnet,
Konkurrenz 3. finanzielle 4. Zinsen
5. Energie, reduzieren 6. Forschung,
entwickelt 7. Markt

M16 (2) kommt aus (3) gefordert
(4) zukünftiger (5) Generationen
(6) Regionen (7) Entwicklung
(8) Umwelt (9) wirtschaftlichen

M17 2. der Import 3. importieren 4. fallen
5. abnehmen

Teil 2 **Grammatik**

N Verben

N0 (2) nimmt (3) hat (4) fährt ab (5) ist
(6) steht (7) fragt (8) denken (9) brauchen
(10) antwortet (11) sind (12) steigen aus
(13) gehen (14) kommen (15) gibt (16) läuft
(17) fällt (18) bemerkt (19) hebt auf
(20) folgt (21) spricht an (22) glaube
(23) brauchst (24) möchtest (25) sieht an
(26) ruft (27) hast (28) erklärt (29) dankt
(30) verabschiedet (31) will (32) gefällt
(33) fragt (34) Darf (36) Hast gesessen
(37) habe genommen (38) hatte (39) ist
abgefahren (40) war (41) hat gestanden
(42) hast gemacht (43) bin ausgestiegen
(44) gelaufen (45) ist gefallen (46) habe
bemerkt (47) ist passiert (48) hat angesprochen (49) bin erschrocken (50) hat erklärt
(51) gesehen hat (52) verloren habe
(53) hat aufgehoben (54) zurückgebracht
(55) hat gefallen (56) hat begleitet
(57) gefragt (58) hast gegeben (59) haben
telefoniert (60) habe eingeladen

N1 1. *i → a*: sprang, sang, gelang
2. *ie → o*: flog, fror, verlor, zog, schloss, floss
3. *ei → ie*: blieb, schrieb, lieh, schrie
4. *ei → i*: schnitt, stritt
5. *e → a*: aß, las, sah, geschah
6. *a → u*: trug, schlug

N2 (2) musste (3) war (4) hattest (5) durfte
(6) war (7) musste (8) wollte (9) hatte
(10) Durftest (11) musste (12) war (13) war
(14) war (15) wolltest (16) wollte (17) waren
(18) konnte (19) hatte (20) sollte
(21) konntest (22) war (23) konnte/durfte
(24) durfte/konnte

N3 2. grüßten 3. standen auf, kam, boten an
4. lebten, waren 5. schrieben 6. gingen,
sahen 7. fuhren, gingen 8. trugen 9. halfen
10. gefielen

N4 (2) kam (3) besuchte (4) lernte (5) weglief
(6) wollte (7) folgte (8) begann (9) schrieb
(10) veröffentlichte (11) lebte (12) heiratete
(13) war (14) verschickte (15) gab heraus
(16) war (17) zog zurück (18) wohnte
(19) blieb (20) schuf (21) bekam
(22) beantwortete (23) starb

N5 2. f) 3. a) 4. e) 5. b) 6. g) 7. c)

N6 2. Christoph hatte die ganze Nacht getanzt.
Am nächsten Morgen war er schrecklich
müde. 3. Ende Dezember lagen zwei Meter
Schnee, da es eine Woche lang pausenlos
geschneit hatte. 4. Die Mutter musste die
Küche putzen, weil ihre Kinder einen Kuchen
gebacken hatten. 5. Endlich bekam Hannes
einen neuen Job, nachdem er zwanzig
Bewerbungen geschrieben hatte. 6. Klara
freute sich auf das Abendessen. Sie hatte seit
dem Frühstück nichts mehr gegessen.
7. Anna fuhr stolz mit ihrem neuen Fahrrad.
Sie hatte es zum Geburtstag bekommen.

N7 2. Wird sein 3. werde leben, werden
haben 4. geben wird 5. werden kämpfen
6. werden verstehen 7. wird entwickeln, wird
existieren 8. wird kommen 9. werdet
einsehen

N8 2. müsstest aufräumen 3. dürften fernsehen
4. würde stehen 5. könntest helfen
6. solltest geben 7. Könntest gehen
8. lernen würdest, könnte schreiben
9. wäre, anschauen würdest, könntest
lernen 10. lassen würde

N9 2. Wenn ich singen könnte, wäre ich eine
Opernsängerin. 3. Wenn ich Millionär wäre,
würde ich eine Villa am Meer kaufen.
4. Wenn Stefan einen Hund hätte, könnte er
jeden Tag mit ihm joggen gehen.

5. Wenn meine Kinder gerne kochen würden, müsste ich nicht jeden Tag für die Familie kochen.
6. Wenn du viel lernen würdest, hättest du in der Schule gute Noten. 7. Wenn wir genug Geld hätten, würden wir im Sommer Urlaub auf den Malediven machen.

N10 2. hätte 3. schreiben würde (schriebe)
4. tun würde (täte) 5. wissen würde (wüsste)
6. bleiben würde (bliebe)
7. gehen würden (gingen) 8. lassen würde (ließe)

N11 2. j) 3. g) 4. i) 5. a) 6. b) 7. c) 8. d) 9. e)
10. f)

N12 2. Es sieht aus, als ob es bald regnen würde. 3. Aber er redet so, als ob er zu viel getrunken hätte. 4. tut er nur so, als ob er viel Stress hätte. 5. Er tut nur so, als ob er musikalisch wäre.

N13 2. Wegen Bauarbeiten werden die Linien U3 und U6 für eine Stunde geschlossen.
3. Ab August wird das Theater renoviert.
4. Hier wird eine neue U-Bahn-Station gebaut.
5. Die Besucher werden gebeten, im Museum nicht zu fotografieren. 6. Die Ausstellung wird am 16. Mai eröffnet. 7. Autos ohne Parkerlaubnis werden von der Polizei abgeschleppt. 8. Die Funktion der Kamera wird in der Gebrauchsanweisung erklärt.

N14 2. müssen reserviert werden 3. darf vergessen werden 4. sollen vorbereitet werden 5. muss geklärt werden 6. muss gebucht werden 7. kann benachrichtigt werden 8. muss entworfen werden

N15 Der Münchner Viktualienmarkt ist ein großer Platz im Zentrum der Stadt. Seit 1806 wird hier Obst und Gemüse verkauft, aber auch Brot, Fleisch oder Käse gibt es hier. Mitten auf dem Marktplatz steht ein großer Maibaum. Er wird am 1. Mai mit einem frischen Kranz geschmückt und zeigt das traditionelle Handwerk in München. Auch einen gemütlichen Biergarten gibt es hier. Da wird Bier getrunken, da werden Würstchen gebraten und Brezeln gegessen. Mit kleinen Brunnen wird an berühmte bayerische Schauspieler erinnert. Am Faschingsdienstag wird hier den ganzen Tag über Fasching gefeiert. Vormittags kann man den traditionellen Tanz der

Marktfrauen sehen und später gibt es Musik und natürlich jede Menge zu trinken. In den Bäckereien um den Marktplatz werden Faschingskrapfen verkauft und zu späterer Stunde – wenn man Glück hat – sogar verschenkt. Den Touristen wird von den Stadtführern am Viktualienmarkt viel über die Münchner Geschichte erzählt – auf jeden Fall ist dieser Platz einen Besuch wert!

N16 1. wurde geholt, getragen, angezündet
2. wurde gegessen, wurde genannt, wurde gebraut, getrunken, gebrochen wurde
3. wurden gesucht, wurden geschlagen, wurde genommen 4. wird gegessen, wird angezündet, werden geschlagen

N17 2. Die Flüge nach London sind nicht gebucht worden. 3. Die Werbebriefe sind nicht vor 17 Uhr zur Post gebracht worden.
4. Der Termin bei der Messe ist nicht abgesagt worden. 5. Die Handwerkerrechnung ist nicht überprüft worden. 6. Abends ist die Kaffeemaschine / Die Kaffeemaschine ist abends nicht ausgeschaltet worden. 7. Die Bürotür ist nicht zugeschlossen worden. 8. Das Angebot für London ist nicht ins Englische übersetzt worden. 9. Die leeren Kaffeetassen auf den Schreibtischen sind nicht weggeräumt worden.

N18 2. ist verlaufen, geteilt hat 3. ist gegangen
4. durfte benutzt werden 5. ist geschossen worden 6. ist abgebaut worden
7. kann besichtigt werden 8. ist eingerichtet worden 9. werden erzählt, gegraben worden ist 10. sind geflohen

N19 2. j) 3. a) 4. g) 5. b) 6. e) 7. c) 8. d)
9. h) 10. i)

N20 1. an, mit, davon, darüber, auf, in, von
2. darauf, vom, von, davon
3. an, um, an, dafür, auf, beim, über, dagegen

N21 2. Über wen oder worüber? 3. Woran?
4. Bei wem und wofür? 5. Wonach?
6. Wovon? 7. In wen?

N22 (2) an (3) darauf (4) auf (5) darüber
(6) für (7) mit (8) auf (9) darüber (10) um
(11) von (12) mit (13) daran (14) davon
(15) mit (16) darunter (17) dafür

N23 2. Du brauchst nicht die Blumen zu gießen,
lass unseren Gärtner im Garten arbeiten!
3. Du brauchst nicht zum Einkaufen zu gehen,
das kannst du unser Hausmädchen machen
lassen! 4. Du brauchst nicht das Wohnzimmer
aufzuräumen, lass unsere Hausdame für
Ordnung sorgen! 5. Du brauchst dein Auto
nicht selbst zu fahren, lass unseren Chauffeur
dich in die Firma bringen! 6. Du brauchst
deine Briefe nicht selbst zu schreiben, lass
deinen Sekretär das erledigen! 7. Wir
brauchen nicht so viel Personal zu bezahlen,
lass uns alle Arbeit selbst erledigen!

N24 2. – 3. – 4. – 5. zu 6. zu 7. zu 8. zu
9. zu / – 10. zu / – 11. zu 12. zu
13. zu 14. – 15. – 16. zu 17. zu

N25 1. dich 2. mir, sich 3. mir, dir
4. dich, uns 5. mich, mir 6. mich, mir, sich
7. dir, sich, mich

0   Satz

00 2. Endlich ist es wärmer und er kann wieder
zu seinem Schiff an den See fahren. 3. Er holt
sein Fahrrad aus der Garage und nach zehn
Minuten kommt er am See an. 4. Doch dort
ist er nicht allein. 5. Eine Ente sitzt in seinem
Schiff auf einem Ei und möchte nicht gestört
werden. 6. Michael überlegt kurz, was er tun
kann, und geht erst einmal zum Schwimmen.
7. Dann denkt er, dass er lieber eine Radtour
macht und die Ente nicht stört. 8. Nach ein
paar Wochen kommt er wieder zum Schiff
und sieht die Ente mit ihrem Küken am Ufer
schwimmen. 9. Jetzt kann er endlich auf
sein Schiff!

01 2. e) 3. a) 4. b) 5. i) 6. c) 7. d) 8. j) 9. f)
10. g)

02 2. den 3. das 4. dem 5. das, dem
6. die, der 7. der, dem 8. das

03 1. aus dem, durch den
2. die, aus der, in der
3. das, mit dem, über das
4. mit denen, die, die

04 (2) die (3) der (4) die (5) der (6) denen
(7) dem (8) den (9) die (10) der

05 1. mit dem, der, von dem, über den, auf den
2. mit der, in die, mit der, die, für die, mit der

06 2. Morgen stelle ich dir unseren neuen
Mitarbeiter vor, mit dem du ab nächster
Woche zusammenarbeiten wirst. 3. Endlich
hat sich Karl mit der Frau verabredet, an die
er ständig denken muss. 4. Bitte, Alexander,
triff dich nicht mehr mit den Jungen, mit
denen du sowieso immer nur streitest!
5. Der Deutschkurs, an dem Chantal
teilnehmen möchte, beginnt am 4. Mai.
6. Ich möchte Ihnen den Institutsleiter
vorstellen, an den Sie sich gerne mit
Fragen und Problemen wenden dürfen.
7. Das hier sind meine Freunde Jim und Joe,
von denen ich dir schon viel erzählt habe.

07 2. Soeben steigt Natalie Portman aus
der Limousine, deren fantasievoll geschnittenes Abendkleid ihre schmale Figur betont.
3. Penélope Cruz, deren Absätze bestimmt
zehn Zentimeter hoch sind, geht sicher über
den roten Teppich. 4. Mickey Rourke, dessen
Lederjacke wie eine Schlangenhaut aussieht,
ist in Begleitung einer jungen Schönheit.
5. Angelina Jolie, deren sechs Kinder in den
USA geblieben sind, lächelt in die Kameras.
6. Schließlich fährt auch Woody Allen vor,
dessen große Hornbrille sein Markenzeichen
ist.

08 2. d) Die Schweiz ist ein Land, wo vier
Sprachen gesprochen werden. 3. a) Über
Deutschland habe ich vieles gelesen, was
mich interessiert. 4. i) „Englischer Garten"
heißt der Park in München, wo ich mich am
besten erhole. 5. g) In seiner Heimatstadt gibt
es nichts, was er noch nicht gesehen hätte.
6. c) Der Hafen ist bis jetzt leider alles, was
ich von Hamburg gesehen habe. 7. j) Das Bier
ist das, was Bayern in der Welt bekannt
gemacht hat. 8. e) Nordrhein-Westfalen ist
das Bundesland, wo es am meisten Industrie
gibt. 9. h) Sanssouci heißt das Schloss in
Potsdam, wo die preußischen Könige gelebt
haben. 10. b) Sie hat eine lange Reise durch
Deutschland gemacht, was ihr sehr gut
gefallen hat.

09 2. auf die 3. wo / in dem 4. worüber 5. was 6. mit dem 7. um die 8. wovor 9. woran 10. worüber 11. das 12. der

010 (2) Wenn (3) Als (4) wenn (5) wenn (6) Als (7) als (8) wenn (9) wenn

011 2. Bevor ich Ida zum Kindergarten gebracht habe, habe ich die Betten gemacht. 3. Nachdem ich eingekauft hatte, habe ich die Kontoauszüge von der Bank geholt. 4. Während ich Suppe gekocht habe, habe ich mit Omi telefoniert. 5. Nachdem Tanja heim-gekommen war, haben wir zusammen gegessen. 6. Bevor ich Ida abgeholt habe, habe ich mit Tanja Hausaufgaben gemacht. 7. Während ich am Spielplatz auf Ida aufgepasst habe, habe ich Vokabeln für Italienisch gelernt. 8. Nachdem ich nach Hause gekommen war, habe ich im Garten Blumen gegossen. 9. Nachdem ich das Abendessen vorbereitet hatte, habe ich mit den Kindern gegessen. 10. Bevor ich mit Tanja Federball gespielt habe, habe ich Ida ins Bett gebracht.

012 (2) wenn (3) bevor (4) nachdem (5) während (6) als (7) wenn (8) bevor (9) Während (10) sobald (11) Nachdem (12) Seitdem

013 2. weil 3. obwohl 4. weil 5. obwohl 6. obwohl 7. weil 8. obwohl 9. obwohl 10. weil 11. obwohl 12. obwohl

014 1. wenn, Falls/Wenn 2. Falls, da, Wenn, Weil 3. Falls/Wenn, da, weil, wenn

015 2. um sich einen Porsche zu kaufen. 3. um mit seiner Frau in zwei Jahren eine Weltreise zu machen. 4. damit sein Haus in zehn Jahren renoviert werden kann. 5. damit man von der Straße nicht hinein-schauen kann. 6. um seine Ruhe zu haben. 7. damit sein Chef ihn beneidet. 8. um die Frauen zu beeindrucken. 9. um sich einen Kindheitstraum zu erfüllen. 10. um nicht immer nur Porsche zu fahren.

016 2. anstatt 3. ohne 4. um 5. anstatt 6. um 7. ohne 8. um 9. anstatt

017 2. Malte ist Schwimmweltmeister geworden, indem er täglich trainiert hat. 3. Julius ist Architekt geworden, indem er lange studiert hat. 4. Raffaela hat einen Musikpreis gewonnen, indem sie täglich geübt hat. 5. Vincent ist reich geworden, indem er einen Bestseller geschrieben hat. 6. Alexander hat eine tolle Erfindung gemacht, indem er geduldig experimentiert hat. 7. Tatjana hat gegen die Schließung der Firma protestiert, indem sie Unterschriften gesammelt hat. 8. Fritz ist ein berühmter Filmschauspieler geworden, indem er in Werbespots gespielt hat.

018 2. so dass 3. um zu 4. sodass 5. damit 6. so dass 7. sodass 8. ohne zu

019 2. a) wie der Lehrer befürchtet hatte. 3. d) als geplant war. 4. b) als die Wissenschaftler berechnet hatten. 5. j) wie es die Agentur gehofft hatte. 6. c) wie immer alle gesagt haben. 7. i) wie du gesagt hattest. 8. e) als die Wettervorhersage es angekündigt hatte. 9. h) als sie geglaubt hatten. 10. f) wie ich dafür gespart habe.

020 2. während 3. als 4. nachdem 5. so dass 6. weil 7. damit 8. Nachdem 9. Als 10. wenn 11. Da 12. bis

021 2. Je größer das Interesse an Latein ist, desto mehr Geld verdient man später in seinem Beruf. 3. Je mehr Sport Kinder machen, desto größer werden sie. 4. Je mehr Hausaufgaben man macht, desto klüger wird man. 5. Je kürzere Haare ein Junge hat, desto besser kann er denken. 6. Je weniger die Schüler sprechen, desto besser lernen sie. (*Anmerkung:* Statt „je ..., desto" kann man auch „je ..., umso" benützen.)

022 (2) obwohl (3) Wenn (4) ohne (5) um (6) Wenn (7) falls (8) wenn (9) damit (10) Falls (11) während (12) Da

023 1. Falls 2. wenn, um ... zu, damit 3. seitdem, nachdem 4. um ... zu 5. wenn, bevor, während 6. seitdem, wenn, anstatt ... zu

P Nomen

P0 (2) dem (3) dem (4) der (5) die (6) ein
(7) der (8) dem (9) den (10) ein (11) ein
(12) Das (13) im (14) einem (15) eine
(17) Taschen (18) Hosen (19) Pullover
(20) Kleider (21) Dokumente (22) Landkarten
(23) Stadtpläne (24) Reisenden
(25) Informationen (26) Handys
(28) dem (29) die (30) den (31) die (32) den
(33) den (34) die (35) keine (36) den

P1 (2) die Nase seines Großvaters Balthasar
(3) die Nase des Vaters (4) die Nase meines
Vaters (5) der seiner Großmutter
(6) die der Großmutter (7) die Augen
seines Brüderchens (8) das der Mutter

P2 1. meines Sohnes 2. ihres Buches
3. des Kleides, des Stoffes 4. unseres Hauses
5. der Kinder der Klasse, Herrn Müllers
6. dieses Jahres 7. des Films
8. Moritz' 9. Birgits 10. des Wagens, der
Garage 11. Wagners, ihres Mannes
12. meiner Zeit, unseres Gartens, des Büros

P3 (2) Biologen (3) Italiener (4) Kollegen
(5) Namen (6) Buchstaben (7) Polizisten
(8) Abend (9) Demonstranten (10) Friedens
(11) Franzosen (12) Gedanken
(13) Deutschen (14) Nähe (15) Direktor
(16) Chef (17) Menschen (18) Löwen
(19) Herzens

Q Adjektive

Q0 1. blauen, neues, schön, gelbe 2. kühler,
warm, kalter, richtig heiß 3. spannendes, viele
tolle 4. einfach, bunten, gut, laut, tot, schreck-
licher 5. Japanischen, gebratenem, grünen,
frisches, fantastisch 6. schmutzigen, zweiten,
seltsamen, schönen, lässig
gekleidet, hübsch, elegant

Q1 1. höchste 2. längeres, längste
3. schwereres, schwerste
4. schnellere, schnellste 5. weiter, weitesten
6. älter, höchsten

Q2 1. langweiligere 2. schwerste, unsicherere
3. geringeren, älteren
4. teurere, bessere, mehr
5. niedrigeres 6. häufigsten
7. höheres 8. größerer

Q3 2. selbst genähte Kleider. 3. noch dampfen-
den Apfelkuchen. 4. über lange Jahre
gesammelten Briefmarken. 5. schlafenden
Sohn ins Bett. 6. mit einem gestohlenen Auto
auf der Flucht. 7. mit unseren gerade neu
gekauften Fahrrädern. 8. nach dem von ihm
verursachten Unfall Fahrerflucht begangen.

Q4 2. Deutsche 3. Angestellten 4. Unbekannter
5. Fremder 6. Betrunkener 7. Verletzte
8. Gefangener 9. Jugendliche 10. Bekannten
11. Arbeitsloser 12. Verliebte 13. Blonde
14. Verwandten 15. Verstorbener

Q5 (2) blühende (3) duftende (4) frisches
(5) mehr (6) Verliebte (7) Beste (8) langer
(9) heiße (10) kühlen (11) wärmer
(12) Deutsche (13) gemütlichen
(14) Sicheres (15) am liebsten
(16) Reisenden (17) gefärbten (18) mildes
(19) stürmisches (20) schönstes
(21) gemütliches (22) bitterkalter
(23) niedrigsten (24) ganzen (25) gute
(26) wärmenden (27) sonnigen (28) langen
(29) verschneite

R Präpositionen

R0 1. aus dem 2. ins, unter die, über den
3. In der, auf den, aus dem 4. zum, mit
5. Vor dem, im, auf, für 6. auf den, an die
7. vom, ohne 8. Nach, an den
9. durch den, hinter

R1 2. trotz einer/ihrer schweren Erkältung
3. wegen der Verspätung seines Zuges
4. wegen zu geringer Nachfrage 5. wegen
einer Verletzung am Knie 6. trotz des
heftigen Gewitters 7. trotz der/ihrer Kopfschmerzen 8. trotz ihres vielen Geldes und
ihres großen Erfolges

R2 2. Während, -es, -es 3. innerhalb, -es, -es
4. Außerhalb, -er
5. Während, -es, -s, während, -er
6. innerhalb, -er
7. Außerhalb, -er, -er 8. während, -es, -s
9. außerhalb, -er, während, -er, -en

R3 2. gegenüber, in 3. innerhalb, vor, zu, nach
4. entlang 5. an, über 6. außerhalb, auf
7. hinter

R4 (2) außerhalb, -er (3) Um, -ie
(4) Gegenüber, -em (5) -en, entlang
(6) an, -en/zu, -em (7) Von, -em (8) bis zum
(9) innerhalb von (10) während, -es, -s
(11) Trotz, -es (12) wegen, -er, -er
(13) ab, -er (14) für

S **Pronomen**

S0 (2) mir (3) uns (4) unser (5) ihm (6) er
(7) seine (8) unseren (9) Ihren (10) mich
(11) meine (12) wir (13) meine (14) mich
(15) ihr (16) mir

S1 2. -einen 3. -eins 4. -eine 5. -einen 6. -eine
7. Welche 8. -welchen 9. Einer 10. -eins

S2 2. - 3. Es 4. es 5. - 6. es 7. Es 8. Es
9. - 10. es 11. es 12. es 13. Es 14. Es
15. es

S3 2. Hast du gehört, ob es an der Tür geklingelt
hat? 3. Findest du es in Deutschland schön?
4. Das Schulhaus wird in den Ferien renoviert./
In den Ferien wird das Schulhaus renoviert.
5. Ist es möglich, in München ein billiges Hotel
zu finden? 6. Schmeckt es dir wirklich?
7. Es werden zur Konferenz 250 Teilnehmer
erwartet. / Zur Konferenz werden
250 Teilnehmer erwartet. 8. Im Mai kann man
fühlen, / Man kann im Mai fühlen, dass es bald
Sommer wird. 9. In den Bergen hat es die
ganze letzte Woche geschneit. / Die ganze
letzte Woche hat es in den Bergen geschneit. /
Es hat die ganze letzte Woche in den Bergen
geschneit. 10. Es gefällt mir, dass du dich so
sehr für Musik interessierst.